Rodrigo Ortiz Vélez:
Orgullo, Inquietud y
Sedición

Ricardo Vélez Acevedo

Rodrigo Ortiz Vélez: Orgullo, Inquietud y Sedición

Editorial

Lux Antiqua
2022

Rodrigo Ortiz Vélez: Orgullo, Inquietud y Sedición
© Ricardo Vélez Acevedo

Editorial Lux Antiqua
Cambridge, MA, EE. UU.

Primera edición, 2022.

ISBN: 979-8-9863112-0-3

Library of Congress Control Number: 2022909749

Queda prohibida la distribución y reproducción total o parcial de esta obra mediante métodos reprográficos o informáticos sin la autorización y consentimiento de su autor.

A mi familia.

Contenido

Introducción 1
Capítulo I: «Un lugar llamado el Almendralexo» 7
Capítulo II: Familia Ortiz Vélez en Almendralejo 11
Capítulo III: En marcha «al Dorado» 19
    El Dorado y la Rebelión de los Marañones 21
    San Germán: El Viejo y El Nuevo 24
Capítulo IV: Corsarios Franceses 27
Capítulo V: «¡Caribes! ¡Caribes!» 31
    Destrucción de la villa de San Germán en 1567 31
Capítulo VI: Mudanza de la Villa de San Germán 37
Capítulo VII: Más y Nuevas Batallas 43
    Ataque Francés de 1576 43
    Mudanza Permanente 45
    Rodrigo Ortiz Vélez: Sedición 47
Capítulo VIII: Probanza de Méritos de Rodrigo Ortiz Vélez 53
    Ordenanzas Electorales de 1580 57
Capítulo IX: Juicio de Residencia 59
    Rodrigo Ortiz Vélez: Orgullo 60
Capítulo X: «El ombre más rrico» de la villa es encarcelado 65
    Contrabando de los indios de la isla de Mona 66
    Juicio y Proceso de 1596 70
Capítulo XI: Tiempo para vivir. Tiempo para morir. 75
Descendientes de Rodrigo Ortiz Vélez y Constanza Ortiz 85
Otros Parientes en San Germán 99
Conclusiones 103

Apéndices 107

    1. Testimonio de Rodrigo Ortiz Vélez en la Probanza del procurador Juan Martínez de Avendaño (1572).................. 109

    2. Probanza de Méritos de Rodrigo Ortiz Vélez (1577)............. 115

    3. Deposición de Rodrigo Ortiz Vélez en su Juicio de Residencia (1594)... 129

    4. Testimonio de Rodrigo Ortiz Vélez en el juicio de Juan Rodríguez de Olivencia (1596)...................................... 139

    5. Declaración y Probanza de Rodrigo Ortiz Vélez en su juicio de contrabando (1596).. 145

    6. Carta de poder de Constanza Ortiz (1609)........................ 153

    7. Carta de venta de escrituras de censo por Juan Lorenzo Vélez a favor de su madre, Constanza Ortiz (1612) 157

    8. Carta de venta de escrituras de censo por Juan Lorenzo Vélez (1612) 161

    9. Testamento de Constanza Ortiz (1620)........................... 165

    10. Carta del gobernador José de Noboa Moscoso (1658).......... 167

    11. Muestra de mercancías enviadas a Rodrigo Ortiz Vélez 171

    12. Resumen de los cargos ostentados por Rodrigo Ortiz Vélez en San Germán 173

Fuentes Documentales 175

Bibliografía 181

Índices

Cuadros

Cuadro 1: Venta en almoneda de mercancías confiscadas a los indios de la isla de Mona en la villa de San Germán 69

Cuadro 2: Mercancías cargadas en navíos partiendo de Sevilla con destino a Puerto Rico para ser entregadas a Rodrigo Ortiz Vélez (1592-1607) 78

Diagramas

Diagrama 1: Genealogía de la familia Ortiz Vélez (siglos XV-XVI) 13

Diagrama 2: Genealogía de los descendientes de Juana Martín Vélez y Antonio Rodríguez Borrero (siglo XVII) 93

Imágenes

Imagen 1: Parroquia de Nuestra Señora de la Purificación 9

Imagen 2: Firma y rúbrica de Gonzalo (III) Ortiz Vélez de Guevara (1608) 16

Imagen 3: Monumento y escudo de San Germán conmemorando su fundación en las Lomas de Santa Marta 42

Imagen 4: Firma y rúbrica de Rodrigo Ortiz Vélez (1593) 81

Imagen 5: Firma y rúbrica de Rodrigo Ortiz Vélez (1596) 81

Imagen 6: Placa conmemorativa de Rodrigo Ortiz Vélez en la Plazuela San Germán Fundadora de Pueblos 82

Imagen 7: Firma y rúbrica de Juan Lorenzo Vélez (1612) 88

Imagen 8: Firma y rúbrica de Antonio Rodríguez Borrero (1596) 89

Imagen 9: Firma y rúbrica de Juan (II) Ortiz Vélez Borrero (1697) 92

Imagen 10: Museo de Arte Religioso Santo Domingo de Porta Coeli 97

Imagen 11: Retablo interior del Museo de Arte Religioso
Santo Domingo de Porta Coeli 98

Imagen 12: Firma y rúbrica de Francisco Vélez del Rosario (1697) 102

Imagen 13: Firma y rúbrica de José Vélez Borrero (1697) 102

Introducción

En el otoño del año 1658 el gobernador de turno de la isla de Puerto Rico, José de Noboa Moscoso, envió una carta al rey Felipe IV en la que expresó su frustración y contenciones con los vecinos de la villa de San Germán. El gobernador Noboa Moscoso atribuyó el desafío a su autoridad, y la de sus antecesores, a la constante ayuda que los vecinos recibían de la Real Audiencia de Santo Domingo. Escribió Noboa Moscoso: «pareçe que aquella Audiençia, o por temas o por passiones, tiene puesta la mira en contradeçir y deshaçer quanto obran, tanto lo bueno como lo malo, de donde naçe el orgullo, ynquietud y sediçión destos naturales».

Aunque la carta y las quejas del gobernador Noboa Moscoso fueron presentadas muchos años después de la fundación de la villa de San Germán, las actitudes y el celo con que los vecinos defendieron sus derechos perduró.

El extremeño Rodrigo Ortiz Vélez, nacido en la villa de Almendralejo, en la provincia de Badajoz, fue uno de los vecinos de la villa que jugó un papel de importancia durante el tiempo de la relocalización y fundación de San Germán. Con este trabajo intentamos ofrecer al lector una visión panorámica de la vida de Rodrigo y la influencia que éste tuvo en la villa. A través del transcurso de sus obras y acciones, se revela un hombre capaz e íntegro; y estudiando su vida dentro del contexto de la villa y las repercusiones que produjeron sus acciones, las palabras en 1658 del gobernador —*orgullo, inquietud y sedición*— describen de forma concisa, no tan sólo a la villa de San Germán de forma colectiva, pero igualmente el propio carácter de Rodrigo Ortiz Vélez.

Su orgullo por su nación, su familia y sus obligaciones fue evidente en la forma que defendió la villa de San Germán de diversos enemigos y ataques, además de cómo honró sus servicios militares y civiles. En adición, más orgullo, y sobre todo valor, fue necesario para que luego de haber sido encarcelado y sus propósitos o motivos cuestionados, mantuviera su firmeza y convicción sin alterar los méritos de sus justificaciones hasta lograr la libertad.

Su inquietud e inconformidad al enfrentarse a conflictos multifacéticos lo habrán motivado a buscar alternativas que facilitaron el posterior desarrollo de la villa. Inclinaciones similares como joven soldado habrán figurado entre las principales motivaciones para dejar atrás a la familia que lo vio crecer, y emprender un viaje a través del Atlántico lleno de incertidumbre y riesgos.

Sus actos de sedición, o más apropiado, insubordinación, fueron ejecutados con el propósito final de justicia y sosiego para la villa y sus compañeros. Rodrigo y demás vecinos se movilizaron para garantizar la seguridad y el bienestar de una villa que nutría un poblado muy frágil y sujeto a constantes atropellos; tanto por enemigos externos como internos. Aunque sus acciones desafiaron en ocasiones decretos y órdenes oficiales, fueron eventualmente vindicados al obtener la paz en la villa y su eventual prosperidad.

Si bien comenzaría su carrera en la Isla como militar, y no estuvo ajeno a los enfrentamientos armados, su carrera como administrador civil fue más impresionante aún. En menos de 15 años de haber llegado a San Germán, ejerció como miembro del Cabildo en función de procurador general y fue nombrado alcalde ordinario de la villa justo durante el período de mudanza y asentamiento final de la misma. Su posición como alcalde sería renovada en varias ocasiones, y eventualmente también sería nombrado teniente de gobernador y contador.

Pero aun con todos sus logros, la vida de Rodrigo y su familia en San Germán no estuvo libre de incertidumbre y tragedias. Y a diferencia de los títulos honoríficos, los momentos más trágicos fueron igualmente compartidos con los vecinos de la villa, quienes a lo largo del siglo XVI jugaron un papel de alta importancia en su vida. Es por eso que la historia personal de Rodrigo Ortiz Vélez y la de la villa están entrelazadas y tejidas con un mismo hilo narrativo que imposibilita su separación. De modo que al relatar la historia de Rodrigo podemos entender mejor también la historia de la villa de San Germán y sus habitantes, y así lo hemos deseado presentar.

Con esto en suma consideración, este trabajo ha tenido entonces tres motivaciones principales.

Primeramente, es la compilación de los datos biográficos de Rodrigo Ortiz Vélez. Aunque Rodrigo no ha estado completamente ausente en los escritos de historiadores y conocedores de la historia de San Germán, su vida no se ha beneficiado de un relato único y continuo. Lo que se conoce de él es, en su mayoría, dentro del contexto de interés por otros asuntos o temas. Esto ha dejado una historia personal incompleta entre tantas menciones periféricas que han usado a Rodrigo como vehículo para transportar otras historias, dejando la de él desatendida.

Segundo, es el lamentable desacierto que ha manchado los trabajos de algunos que sí han tomado la historia de Rodrigo Ortiz Vélez de forma más central y con más interés. Una determinada búsqueda de información biográfica y genealógica entre los trabajos y estudios publicados en la actualidad resultará en una gran cantidad de información confusa, contradictoria o errónea sobre este extremeño. Entre la información incorrecta que se ha publicado está: los nombres de sus hijos y descendientes, la identidad de sus padres, y los años de su nacimiento y su llegada a Puerto Rico, entre otros.

La motivación en este caso no es un empeño puramente rectificativo, aunque necesario. No está de más decir que conociendo algo de su familia en Extremadura conoceremos más de los modelos que estuvieron presentes durante su formalización, y añadiremos nuevas dimensiones al conocimiento de su persona y la naturaleza de su carácter. Similarmente, conociendo quiénes fueron sus verdaderos descendientes, también podemos entender mejor el legado que Rodrigo dejó a su familia, y la influencia que estos tuvieron en San Germán y la región.

Y tercero, es proponer una faceta más del personaje histórico de Rodrigo Ortiz Vélez y su posible influencia permanente en San Germán. El *Libro Capitular de Privilegios de San Germán*, trasladado en 1709, y el cual fue transcrito y publicado por Aida R. Caro de Delgado en 1962, les proporcionó a los cronistas y estudiosos de la historia de San Germán una compilación de documentos redactados entre los siglos XVI y XVIII de los privilegios y fueros que los sangermeños fueron concedidos, y tenazmente protegerían durante la fundación de la villa, y en adelante. Los primeros registros de las acciones de los vecinos en defensa de sus derechos en el siglo XVI coinciden con el nombramiento de Rodrigo como alcalde de San Germán. Siendo la mudanza de la villa un momento determinante en su historia, más habiendo sido el proceso tan contestado y turbulento, postulamos, por tanto, que la presencia de Rodrigo no tan sólo fue necesaria para el éxito de los vecinos, pero que de igual forma él establecería un precedente judicial a través de la Real Audiencia de Santo Domingo que les conferiría a los vecinos las armas legales para detener las imposiciones de los gobernadores sobre la voluntad de la villa.

Por último, no podemos ignorar que la historia de Rodrigo Ortiz Vélez se desató en un contexto mayor que incluyó a muchos otros indianos más ilustres. Aunque no son necesarias para narrar esta historia, las historias de esos otros no son tampoco totalmente irrelevantes en la de Rodrigo como extremeño. La región de Extremadura tiene la distinción, entre muchas otras, de ser *tierra de conquistadores*: Francisco Pizarro, Hernán Cortés y Francisco de Orellana, por nombrar varios. Los relatos de los reclamos de tierras lejanas a nombre de los reyes españoles de muchos de estos, colectivamente, deslumbran el siglo XVI definiendo el tono y los parámetros de las historias y aventuras de los conquistadores en Indias. Sin embargo, aun siendo merecido el espacio en las crónicas de la historia de España y el Nuevo Mundo, esa iluminación de igual forma hace refractar los rayos de luz emitidos por muchos otros más que cruzaron el Atlántico y cuyas historias han quedado perdidas o enterradas, pero son igualmente importantes para entender el período.

El propósito absoluto de este estudio es, pues, desenterrar propiamente la historia de Rodrigo Ortiz Vélez, y dejar que esa inmortal luz enriquezca a su vez los matices de la historia de la isla de Puerto Rico.

«sé que la senda de la virtud es muy estrecha, y el camino del vicio, ancho y espacioso; y sé que sus fines y paraderos son diferentes, porque el del vicio, dilatado y espacioso, acaba en muerte, y el de la virtud, angosto y trabajoso, acaba en vida, y no en vida que se acaba, sino en la que no tendrá fin»

Don Quijote de la Mancha. Segunda Parte, Capítulo VI.
Miguel de Cervantes

I

«Un lugar llamado el Almendralexo»[1]

Los orígenes de la antigua villa de Almendralejo se remontan aproximadamente al siglo XIII,[2] aunque las primeras menciones oficiales datan del siglo XIV en adelante cuando fue proclamada como aldea bajo la jurisdicción de Mérida en 1327.[3] Luce en el actual centro geográfico aproximado de la provincia de Badajoz, en la comunidad autónoma de Extremadura, a unos 27 kilómetros al sur de la ciudad de Mérida. Obtuvo su nombre por la proliferación de almendrales que tuvo en las cercanías del lugar de su asentamiento. Por un largo tiempo luego de su fundación la actividad económica de la villa estuvo mayormente propulsada por fines agrícolas, en particular el cultivo de cereales, y por sus llanos fértiles tuvo la distinción de proporcionarle a la región, y a exportar fuera de ella, gran cantidad de trigo y cebada, ganando así una notable reputación.[4]

La proporción poblacional de la villa, como gran parte de la región, vio cambios periódicos que estuvieron ligados mayormente a las fluctuaciones naturales de las cosechas y a los conflictos bélicos de España. Para mediados del siglo XVI, según su padrón de vecinos en 1561, la

---

[1] AGI, Santo Domingo, 79, Nº 141. f.1525v.
[2] Zarandieta Arenas, *Almendralejo en los siglos XVI y XVII*, p. 27.
[3] Moreno de Vargas, *Historia de la Ciudad de Mérida*, f.281v.
[4] Ibid.

población estimada era de unos 868 vecinos.[5] Esos mismos registros de empadronamiento además incluyeron algo de información socioeconómica que ofrece un vistazo en el ámbito profesional y comercial para ese antiguo período. Las profesiones principales en el sector artesanal o manufacturero fueron: sastre, zapatero, herrero y albañil. En adición, la villa también contó con múltiples comerciantes como tenderos y recatones. En los asuntos de sanidad, se vio registrado al menos un médico, una comadrona y un boticario. Dos décadas más tarde se registrarían varios otros comerciantes como vinateros y mercaderes.[6] En general, los vecinos de Almendralejo, y comparativamente con las otras aldeas y villas de la comarca, eran descritos como «muy ricos», siendo sus actividades agrícolas y comerciales de buen provecho económico.[7]

Además de la labranza de la tierra y las empresas artesanales, la religión y salud espiritual también representó una parte importante de la vida cotidiana de la villa. Perteneciendo a la Orden de Santiago, tuvo unos veintiún clérigos ya para finales del siglo XVI.[8] Durante esta centuria Almendralejo también contó con un total de 12 ermitas,[9] un convento[10] y una iglesia: la parroquia de Nuestra Señora de la Purificación. Los registros más antiguos de la iglesia datan entre los años 1494 al 1515, pero es a partir del 1550 cuando el templo se describe con la fachada y la torre que hoy la caracteriza.[11]

En cuanto a su gobierno civil, éste estuvo inicialmente encabezado por dos alcaldes ordinarios y cuatro regidores anuales «*desde tiempo inmemorial*».[12] Sin embargo, a partir de la década de 1560 los cargos de regidores anuales fueron remplazados por 14 regidores perpetuos, creando conflictos internos entre la oligarquía local y una cierta divergencia de intereses.[13]

Cuando se estudia detenidamente la composición de la rama del

---

[5] AGS, Expedientes de Hacienda, 126. ff.102-108v; Zarandieta Arenas, *Almendralejo en los siglos XVI y XVII*, p. 56.
[6] AGS, Expedientes de Hacienda, 38-8-I.
[7] Zarandieta Arenas, *Almendralejo en los siglos XVI y XVII*, p. 53.
[8] Ibid., pp. 427-428.
[9] Ibid., p. 451.
[10] Ibid., p. 465. El Convento de la Concepción.
[11] Ibid., pp. 414-421.
[12] Ibid., p. 558.
[13] Ibid., pp. 558-560. Cada reguidería comprada por 240 ducados.

gobierno civil se percibe rápidamente además una repetición de los nombres de las familias que lo componían. Estas familias se repartían los cargos y mantuvieron una relativa concentración de poder.[14] Entre las familias que más influencia tuvieron en los siglos XVI y XVII estuvieron los: Fernández, Becerra, Esteban, Nieto y Ortiz.

Se podría decir, entonces, que es con esta última familia que la historia de Rodrigo Ortiz Vélez verdaderamente comienza.

Imagen 1: Parroquia de Nuestra Señora de la Purificación. Almendralejo, Badajoz, España (2020): «Su Iglesia Parroquial es grande, y de edificio suntuoso, con una torre de notable altura y un rico retablo».[15]

---

[14] Ibid., p. 608.
[15] Moreno de Vargas, *Historia de la Ciudad de Mérida*, f.282.

II

Familia Ortiz Vélez en Almendralejo

Rodrigo Ortiz Vélez nació para el año 1540 en la villa de Almendralejo,[16] y fue muy probablemente bautizado en la parroquia de Nuestra Señora de la Purificación.[17] Sus padres fueron **Juan Lorenzo Vélez** y **Elvira Ortiz**; siendo el segundo hijo varón de este matrimonio.[18]

La distinción de su familia fue evidente. Sus abuelos maternos fueron **Gonzalo Ortiz** y **María Gómez**.[19] Gonzalo Ortiz fue hijo de **Alonso Ortiz** y **Elvira Fernández**, y descendiente de **Ruy Fernández**

---

[16] El 14 de mayo de 1572 Rodrigo declaró ser «de edad de treynta y dos años, poco más o menos» AGI, Santo Domingo, 168. f.408v.

[17] Los registros bautismales de la parroquia comienzan a partir del año 1548.

[18] Juan Lorenzo Vélez y Elvira Ortiz eran primos (ABME, *Genealogías de la Casa de la Encomienda*, Expdte. de la Familia Fernández, Casa de Córdova). En adición, la información de sus hijos varones fue generosamente compartida por don Francisco Zarandieta Arenas, historiador y cronista oficial de Almendralejo. Esos datos, a su vez, fueron obtenidos de unos manuscritos (*Apuntes Genealógicos*) preparados por un descendiente de la familia Ortiz Vélez (véase) y que Zarandieta Arenas tuvo la oportunidad de estudiar personalmente en la colección y archivo privado de la familia del Marqués de la Encomienda de Almendralejo.

[19] ABME, *Genealogías de la Casa de la Encomienda*, Expdte. de la Familia Becerra y Buenavida (N° 166).

Hidalgo, natural de la villa de Burguillos, Badajoz.[20] María Gómez fue hija de **Hernando García del Río** y **Olalla Martín**, y descendiente por línea paterna de **Juan Esteban el Alcantarino**,[21] cuyos descendientes pleitearon su hidalguía y obtuvieron puestos de regidores, alcaldes, depositarios y clérigos en la villa.[22]

En cuanto a la familia Vélez en Almendralejo, aunque aparenta haber sido mucho más limitada, aun así, contó con miembros destacados como García Vélez, alcalde de la villa de Lobón, Badajoz, quien falleció a principios de 1479 en la batalla de *La Albuera*, y Alonso García Vélez, capitán y corregidor en Potosí, antiguamente parte del Perú. Por su distinción ambos fueron mencionados aun en 1633 por el regidor e historiador emeritense Bernabé Moreno de Vargas en su obra *Historia de la ciudad de Mérida*.[23] Además, y por otra parte, Juan Lorenzo Vélez fue miembro de una de las dos cáñamas superiores de la villa y, como tal, fue seleccionado con otros cinco vecinos más para encabezar los impuestos de la alcabala en el año de 1561.[24]

La educación y formalización de Rodrigo y sus hermanos aparenta haber sido completada en la propia villa de Almendralejo, pues la misma contó con una «escuela de muchachos»,[25] y debió incluir gramática y aritmética, evidenciado por su posterior desempeño en varios cargos civiles y como contador en San Germán. Además de enseñanzas que pudiera haber recibido en otras disciplinas.[26]

---

[20] Ibid.
[21] Extractos y notas de los *Apuntes Genealógicos* compartidos por don Francisco Zarandieta Arenas.
[22] Zarandieta Arenas, *Almendralejo en los siglos XVI y XVII*, p. 631.
[23] Moreno de Vargas, *Historia de la Ciudad de Mérida*, ff.282v-283.
[24] AGS, Expedientes de Hacienda, 126. f.81. Se intuye un posible vínculo biológico entre Juan Lorenzo Vélez y los otros mencionados dados los factores demográficos y la relativa limitada distribución del apellido VÉLEZ en la villa de Almendralejo para los siglos XV-XVI. Con todo, siendo Juan Lorenzo Vélez y Elvira Ortiz primos, se entiende que la línea ascendente de la familia paterna de Rodrigo hubiera cruzado con la materna en una o múltiples ramas.
[25] APA, Serie de Bautismos, Libro I (trasladado), f.221. El padrón de 1561 mencionó un segundo maestro, distinto del mencionado en los registros de bautismos (AGS, Expedientes de Hacienda, 126. f.104v).
[26] Por ejemplo, el padrón de 1561 también incluyó un «maestro de esgrima» (AGS, Expedientes de Hacienda, 126. f.107v).

Diagrama 1: Genealogía de la familia Ortiz Vélez (siglos XV-XVI).

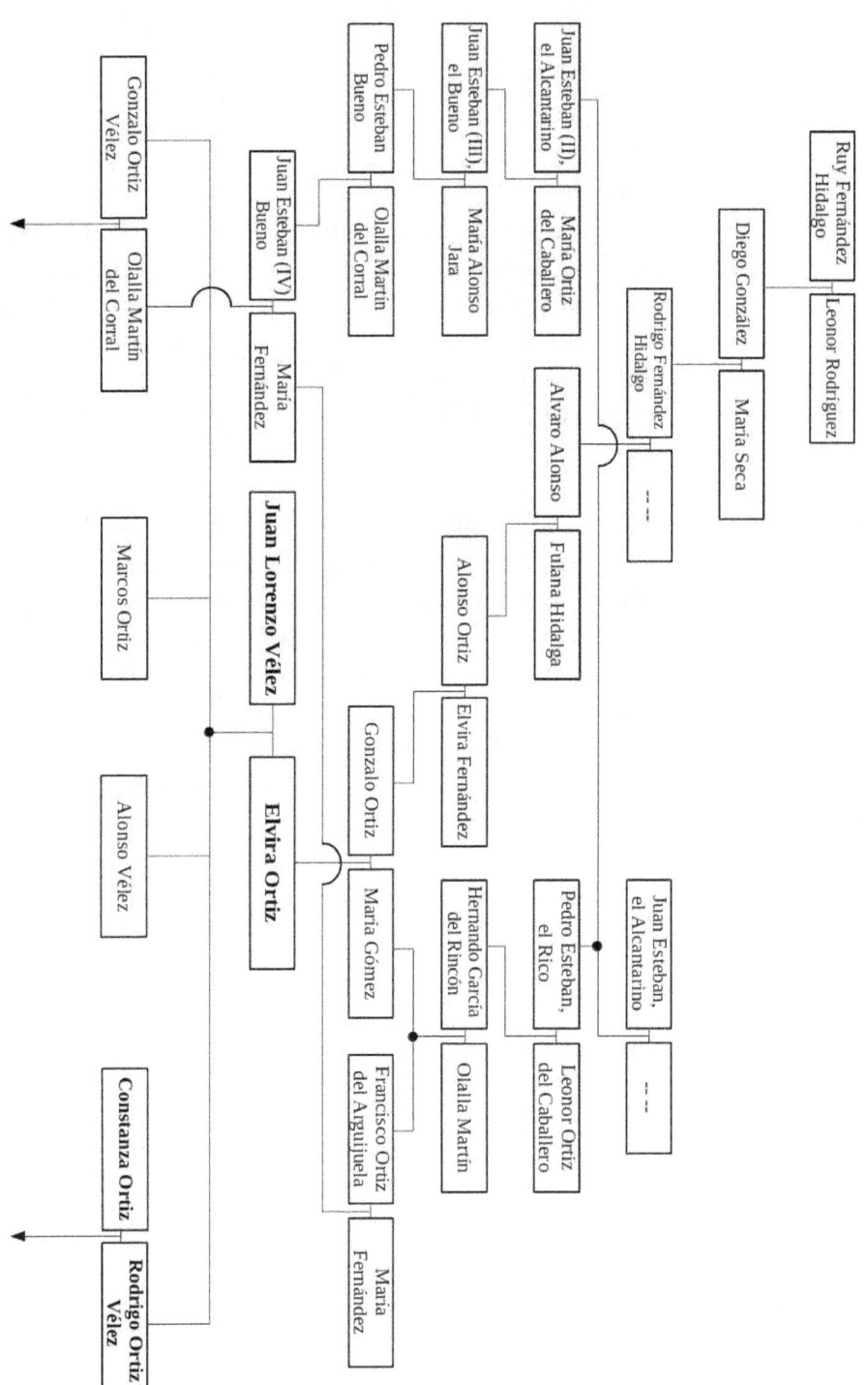

Hijos de **Juan Lorenzo Vélez** y **Elvira Ortiz** fueron:[27]
1. Gonzalo Ortiz Vélez
2. Rodrigo Ortiz Vélez
3. Marcos Ortiz
4. Alonso Vélez

1. Gonzalo Ortiz Vélez

Gonzalo fue el mayor de los hijos varones de Juan Lorenzo y Elvira. En la villa de Almendralejo se le conoció como *el Perulero*, ya que éste partió a Indias y desempeñó en la conquista de las tierras del Perú, obteniendo el rango de capitán.[28] Posteriormente regresó a Almendralejo y se casó con **Olalla Martín del Corral**, hija de **Juan Esteban el Bueno** y **María Fernández Hidalgo**. Siendo Olalla descendiente también de Juan Esteban el Alcantarino,[29] Gonzalo y Olalla fueron dispensados del impedimento de consanguinidad en tercer grado.[30]

Gonzalo Ortiz Vélez además fue regidor[31] y alcalde ordinario[32] de la villa y alférez de la Armada Real.[33] Los documentos de los informes oficiales del padrón de 1586 indican que su fallecimiento fue en el año 1581.[34] Murió en Galicia, de regreso luego de haber servido en Lisboa y la isla Tercera (Azores),[35] muy probablemente en la guerra e invasión en Portugal por parte de España luego de la crisis de sucesión portuguesa de 1580.

Su matrimonio con Olalla Martín fue prolífico, y entre sus descendientes estuvieron los miembros más distinguidos de la rama familiar Ortiz Vélez en Almendralejo. Entre ellos hubo, por descendencia directa o

---

[27] Los *Apuntes Genealógicos* sólo incluyeron hijos varones para Juan Lorenzo y Elvira. Aun así, parece posible que haya habido al menos una hija de este matrimonio: Juana Martín (Vélez Acevedo, "Rodrigo Ortiz Vélez. Una revaluación genealógica.", p. 122). Sin embargo, las limitaciones de los registros parroquiales existentes de Almendralejo para el siglo XVI no nos han permitido validar totalmente las sospechas.

[28] Zarandieta Arenas, *Almendralejo en los siglos XVI y XVII*, p. 228.

[29] Extractos y notas de los *Apuntes Genealógicos* compartidos por don Francisco Zarandieta Arenas.

[30] ABME, *Genealogías de la Casa de la Encomienda*, Expdte. de la Familia Becerra y Buenavida (N° 166).

[31] BNE, Manuscritos, 9878. f.125.

[32] AHN, Diversos-Mesta, 18, N° 10. f.11v.

[33] Moreno de Vargas, *Historia de la Ciudad de Mérida*, f.283.

[34] AGS, Expedientes de Hacienda, 38-8-I. f.8.

[35] Moreno de Vargas, *Historia de la Ciudad de Mérida*, f.283.

vínculos matrimoniales: alcaldes, regidores, licenciados y funcionarios del Santo Oficio de la Inquisición.

Hijos de **Gonzalo Ortiz Vélez y Olalla Martín del Corral** fueron:

i. **Juan Esteban**, fue bautizado el 16 de agosto de 1563.[36] Sus padrinos fueron Alonso Vélez y Catalina Becerra.

ii. **Elvira Ortiz del Corral**, casó con Juan Ruiz Hidalgo, regidor de la villa, hijo de Lorenzo Fernández Hidalgo y Elvira Macías Nieto.[37]

iii. **Gonzalo (II) Ortiz Vélez**, fue bautizado el 25 de enero de 1567. Sus padrinos fueron Hernán García y Elvira Rengela.[38] Casó con Elvira Macías Nieto, hija de Juan Ruiz de Guerrero y María Esteban.[39]

iv. **Pedro**, fue bautizado el 5 de marzo de 1569.[40] Sus padrinos fueron Alonso Fernández y Juana Martín.

v. **María Fernández**, fue bautizada el 29 de octubre de 1570.[41] Sus padrinos fueron Alonso Vélez y Juana Martín.

vi. **Olalla Martín**, fue bautizada el 3 de noviembre de 1572.[42] Sus padrinos fueron el bachiller Alonso Fernández y Leonor Ortiz.

vii. **Juana Martín**, fue bautizada el 5 de febrero de 1575.[43] Sus padrinos fueron Juan Fernández y Juana Martín.

viii. **Leonor Ortiz**, fue bautizada el 25 de febrero de 1577.[44] Sus padrinos fueron Juan Esteban el bueno y Francisca Pedroza.

ix. **Francisca Ortiz**, fue bautizada el 4 de marzo de 1579.[45] Sus

---

[36] APA, Serie de Bautismos, Libro I. f.99v.
[37] APA, Serie de Matrimonios, Libro I. f.31; Zarandieta Arenas, *Almendralejo en los siglos XVI y XVII*, pp. 644, 706.
[38] APA, Serie de Bautismos, Libro I (trasladado). ff.325v-326.
[39] APA, Serie de Matrimonios, Libro I. f.41.
[40] APA, Serie de Bautismos, Libro II. f.4v.
[41] Ibid., f.39.
[42] Ibid., f.82v.
[43] Ibid., f.125.
[44] Ibid., f.167v.
[45] Ibid., f.204v.

padrinos fueron el regidor Rodrigo Ortiz Becerra y Elvira Rengela.

Gonzalo (III) Ortiz Vélez de Guevara, nieto de Gonzalo y Olalla, e hijo de **Gonzalo (II) Ortiz Vélez** y **Elvira Macías Nieto**,[46] jugó un papel muy destacado y curioso en la historia de su familia. En el siglo XVII compiló una gran cantidad de datos genealógicos de las principales familias de la villa, incluyendo la suya, y se estima que haya sido posiblemente uno de los colaboradores de Bernabé Moreno de Vargas durante la preparación de su referida obra sobre la historia de Mérida y su Partido.[47] Sus *Apuntes Genealógicos* han sido vitales para el esclarecimiento y la filiación de la familia Ortiz Vélez en Almendralejo, ya que los manuscritos revelan uniones matrimoniales y parentescos que de otro modo no serían posibles establecer a consecuencia de las lagunas y limitaciones de los registros sacramentales de la villa para el siglo XVI. Adicionalmente, Gonzalo (III) fue regidor perpetuo,[48] y en 1640 obtuvo la ejecutoría y declaración de hidalguía por sus servicios y los de su familia.[49]

Imagen 2: *Firma y rúbrica de Gonzalo (III) Ortiz Vélez de Guevara. Almendralejo, España (1608).*[50]

---

[46] APA, Serie de Bautismos, Libro III. f.86.
[47] Zarandieta Arenas, *Almendralejo en los siglos XVI y XVII*, p. 709.
[48] Ibid., p. 582.
[49] AMA, Protocolos Notariales, Escribano Pú^{co} Alonso Ortiz Cabeza, 19-IV-1640. f.192.
[50] AMA, Registros de actas de sesiones, Libro II. f.410.

3. Marcos Ortiz

Tercer hijo varón de Juan Lorenzo y Elvira. Su nombre completo aparenta haber sido *Francisco Marcos Ortiz*, ya que así aparece el nombre en el padrón de 1561.[51] No hay indicación ni documentación fiable hasta la fecha que señale que haya pasado a Indias como varios de sus otros hermanos.

Tampoco figura su nombre en los registros sacramentales estudiados, por lo cual parece poco probable que haya dejado descendencia inmediata en Almendralejo.

4. Alonso Vélez[52]

Cuarto hijo varón de Juan Lorenzo y Elvira. Tampoco hay indicaciones de que Alonso haya pasado a Indias, pero un nieto suyo, llamado Juan Lorenzo Vélez, sí cruzó el Atlántico y se estableció con su familia en el continente americano.[53]

Alonso, además, posiblemente fue el mismo al que en la villa se le conoció como «Alonso Vélez el viejo».[54]

---

[51] AGS, Expedientes de Hacienda, 126. f.105v.

[52] El nombre de Alonso en los *Apuntes Genealógicos* aparece como «Alonso Ortiz». Sin embargo, su apellido luego aparece documentado como «Vélez» (véase Apéndices, Documento nº 6, declaración de Constanza Ortiz: «Alonso Vélez, vezino de la dicha villa del Almendralejo, mi cuñado»). Es posible que Alonso también haya usado como apellidos la combinación *Ortiz Vélez* en algún otro momento durante su vida y haya generado ambigüedad.

[53] Zarandieta Arenas, *Almendralejo en los siglos XVI y XVII*, p. 228.

[54] Alonso Vélez el viejo, declaró haber nacido para el año 1545, y cuya declaración lo posicionaría favorablemente como hermano varón menor de Rodrigo entre los hijos documentados de Juan Lorenzo Vélez y Elvira Ortiz (AGI, Contratación, 5374, Nº 28. ff.38v, 40).

III

En marcha «al Dorado»

Aunque sean inciertos en su totalidad los motivos que impulsaron a Rodrigo Ortiz Vélez a emprender marcha hacia el continente americano, cabe reconocer al menos dos factores que pudieron haberlo influenciado en su decisión.

Primeramente, estuvo el flujo de extremeños hacia Indias y la fascinación que un *Nuevo Mundo* ciertamente podría presentar para un joven de apenas 22 años de edad. La recopilación de cifras estimadas de emigrantes españoles hacia América en el siglo XVI colocan a Extremadura entre las primeras tres regiones de mayor aportación migratoria, siendo Andalucía y Castilla la Nueva las restantes.[55] La contribución particular de Almendralejo para este siglo fue de aproximadamente 103 individuos.[56] E importante es recordar que entre esos estuvo Gonzalo Ortiz Vélez, hermano mayor de

---

[55] Boyd-Bowman, *Patters of Spanish emigration...*, p. 96.
[56] Zarandieta Arenas, *Almendralejo en los siglos XVI y XVII*, p. 206. Es de notar que esas cifras son únicamente de los pasajeros a Indias que obtuvieron licencias. Pudo haber muchos otros que por razones particulares hayan evadido los registros oficiales, o los registros no hayan sido conservados. Estudios adicionales que incluyen también los almendralejenses sin licencias halladas, pero con menciones documentadas en Indias, apuntan a una cifra estimada de emigrantes superior: alrededor de 161 individuos (Mira Caballos, "Cuando el hambre apretaba...", p. 2.).

Rodrigo, y el cual se estimaría hizo su regreso a la villa justo para el tiempo que Rodrigo efectuó su partida.[57] Notable también fue el aumento de las licencias de pasajes a Indias por parte de los almendralejenses que vio su mayor cifra entre los años 1560-1579; más del 40 por ciento de las licencias en el siglo XVI entre estos fueron aprobadas durante ese período de 19 años.[58] Las noticias de los que marcharon, y la participación de sus propios parientes en las empresas coloniales, posiblemente hubieran creado una confluencia de inquietudes o aspiraciones en el joven Rodrigo que no hayan sido ignoradas.

Segundo, es el trasfondo socioeconómico de la villa para principios de la década de 1560. Precediendo esa fecha surgieron varios factores que influenciaron negativamente el entorno extremeño. En particular, en 1557 las lluvias sobre varias partes de la región fueron tantas y la humedad tan intensa que hubo gran pérdida de los cultivos, produciendo mucha hambre y brote de enfermedades.[59] Aunque la provincia más afectada finalizando la década del cincuenta aparenta haber sido la de Cáceres con el surgimiento de la «fiebre punticular»,[60] en general, se estima que esos eventos también perturbaron de forma similar la provincia de Badajoz y la villa de Almendralejo.[61] En adición, unos años más tarde, los registros de las cosechas en la villa para el año 1561 revelan que fue un año escaso, ya que el trigo fue poco ese año y no se vendió como en años anteriores «por la gran esterlidad» que enfrentaban.[62] Entre altas y bajas, ya para el 1586 la población mostró una contracción relativa a las cifras del padrón anterior.

Así pues, con todos estos elementos en juego, Rodrigo partió de Almendralejo para principios de la década del sesenta del Quinientos. Declaraciones hechas en San Germán por él y por otros vecinos en su *Probanza de Méritos* (1577) dan una idea de los pormenores de su llegada a la Isla:

---

[57] El primer hijo de Gonzalo Ortiz Vélez y Olalla Martín del Corral fue bautizado en 1563 (véase, *Capítulo II*).
[58] Zarandieta Arenas, *Almendralejo en los siglos XVI y XVII*, p. 206.
[59] García Martín, *El paisaje agrario de la Tierra de Coria*, p. 364.
[60] Rodríguez Sánchez, *Cáceres: Población y comportamientos demográficos en el Siglo XVI*, pp. 84-86.
[61] Zarandieta Arenas, *Almendralejo en los siglos XVI y XVII*, pp. 61-62. Zarandieta Arenas además hace particular mención sobre la reducción en el número de bautizados en la villa para el período de 1558-1563 (Ibid., p. 63).
[62] AGS, Expedientes de Hacienda, 126. f.93.

«oyó dezir este testigo a parientes del dicho Rodrigo Ortiz, y a gente de su tyerra, que el dicho rrodrigo Ortis era español y natural de un lugar que dizen el Almendralexo, que es en Estremadura, y que este testigo bido benir a esta ysla avrá tiempo de los dichos catorze o quinze años ~~poco más o menos~~, lo vido benir por soldado en una armada que dezían yban al Dorado»[63]

Otro testigo:

«le vido benyr a estas partes en una armada que dezían yva al Dorado y el dicho Rodrigo Ortis se quedó en esta villa por estar malo»[64]

En mayor o menor grado, todos los testigos presentados en la *Probanza de Méritos* expresaron lo mismo. Contextualizando los datos podemos recrear las posibles circunstancias que lo trajeron a la Isla.

El Dorado y la Rebelión de los Marañones

En el año de 1559 el virrey de Perú, Andrés Hurtado de Mendoza, nombró a Pedro de Ursúa como capitán a cargo de una expedición en busca de El Dorado.[65] Luego de las preparaciones y juntar unos 300 hombres, partieron en 1560 a través del río Marañón.[66] Por el nombre del río, Ursúa y sus hombres fueron apodados los *marañones*. Entre estos hubo uno particularmente infame llamado Lope de Aguirre.

En enero de 1561 Aguirre y varios otros *marañones* fueron partícipes del asesinato de Pedro de Ursúa, y posteriormente del de su sucesor, Fernando de Guzmán —quien también había sido uno de los asesinos de Ursúa—.[67] Aguirre tomó cargo de la expedición y, con sus hombres, continuó sus pasos en dirección norte hasta entrar en el Caribe, a la isla de la Margarita, y luego reanudando sus movimientos de regreso a la región

---

[63] AGI, Santo Domingo, 79, Nº 141. ff.1530v-1531. «poco más o menos» aparece tachado en el traslado del documento original.
[64] Ibid., f.1533.
[65] Jos, *La Expedición de Ursúa al Dorado...*, p. 63.
[66] AGI, Patronato, 29, Nº 1, R.13. ff.2-2v.
[67] AGI, Patronato, 29, Nº 1, R.18. f.1v.

continental suramericana, dejando en todas partes rastros de violencia y muertes.

Las noticias de la rebelión no tardaron en llegar a las otras colonias y eventualmente a España. En preparación de un ataque, o por recibir órdenes de acción, el gobernador de Puerto Rico, Diego de Carasa, comisionó en 1561 varios alardes de los vecinos de la ciudad de San Juan que serían capaces de defender la Isla y enfrentar a Lope de Aguirre y sus hombres. Relató el gobernador Carasa en su carta al rey: «la nueba del dicho tirano puso gran temor y espanto en todos los vecinos desta ysla».[68]

Luego de llegar las noticias a España, el capitán Pedro Menéndez de Avilés, adelantado de la Florida, fue nombrado como general de la armada que se preveía salir en el otoño de ese año, y fue provisto de soldados e instrucciones «para deshazer y castigar al dicho alterado» Lope de Aguirre.[69] Por varios contratiempos la partida de la armada se pospuso hasta la primavera del siguiente año de 1562, cuando finalmente salió la flota entera desde el puerto de Sanlúcar. Sin embargo, la demora fue tanta que la rebelión de los *marañones* se sofocó por la intensidad de su propio ardor antes de que llegase la armada. Lo que comenzó como una misión de exploración en busca de El Dorado se tornó sangrienta una vez más cuando en el mes de octubre de 1561 varios de sus propios hombres asesinaron y decapitaron a Lope de Aguirre.[70]

No obstante, Pedro Menéndez de Avilés salió con la armada en el mes de mayo de 1562 acompañado de Bartolomé Menéndez de Avilés, su hermano. Entre las instrucciones que les fueron entregadas, la primera parada del viaje debía ser el puerto de la isla Deseada o la de Dominica.[71] A partir de allí los hermanos se separarían, Pedro tomando una porción de la flota consigo para ir hasta Tierra Firme y Bartolomé con la suya hasta Nueva España. Las instrucciones de Bartolomé Menéndez de Avilés anticiparon paradas en las Antillas Mayores, incluyendo la isla de Puerto Rico y el puerto de la región de San Germán:

---

[68] AGI, Santo Domingo, 155, R.5, Nº 23. f.1. El gobernador indicó hacer tenido preparados en la ciudad a «doçientos honbres de guerra, que los ochenta dellos heran arcabuçeros ejerçitados en el tirar, y más de çinquenta de a caballo, y los demás ballesteros, piqueros y rrodeleros» (Ibid., f.1v.).
[69] AGI, Indiferente, 1966, L.14. f.145.
[70] AGI, Patronato, 29, Nº 1, R.18. f.5.
[71] AGI, Contratación, 2929, Nº 2, R.3. f.1v.

«llevareys todas las dichas naos de vuestro cargo en buena conserva sin que ninguna se aparte, y si algún navío fuere en la dicha flota para Puerto Rico o Sant Germán dexarleeys yr, y con las de Sancto Domingo y Honduras y Nueva España seguiréys vuestro viaje».[72]

Es entonces en esa flota que estimamos que el joven soldado Rodrigo Ortiz Vélez, a sus 22 años, hizo su llegada a la isla de Puerto Rico, para el verano del año de 1562. Su destino a la fabulada localidad de El Dorado fue deshecho antes de su partida, pero hay otro detalle de interés con respecto a su llegada que no debe pasar por desapercibido: Rodrigo se quedó en San Germán «por estar malo».

A los hermanos Menéndez de Avilés les fueron dadas órdenes de no permitir que ningún soldado o marinero se separara de su compañía: «Yten, no consentiréys saltar ni quedar en tierra en ningún puerto de las Yndias que llegasen ningún soldado de los de vuestra armada».[73]

Tomando en cuenta las órdenes, el deterioro físico de Rodrigo entonces debió de ser acelerado e intenso para que quedara justificada la partida de su compañía sin él. Además de tampoco haber sido un evento singular. Concretamente, antes que partiera la armada desde Sanlúcar, un militar se quedó en el puerto de Cádiz por haber estado enfermo, perdiendo además de su asiento su sueldo.[74] Adicionalmente, más tarde, el propio Bartolomé Menéndez de Avilés, cuando eventualmente llegó con la flota al puerto de Nombre de Dios (Panamá) en el mes de agosto, se vio indispuesto por haber estado también muy enfermo. Tanto así que varios testigos más tarde declararon que muchos pensaban que moriría allí.[75] Y aunque ese no fue el caso para él, muchos otros de sus hombres sí murieron enfermos luego

---

[72] AGI, Contratación, 2929, Nº 5. f.4.
[73] AGI, Contratación, 2929, Nº 2, R.3. f.5.
[74] AGI, Contratación, 2929, Nº 2, R.4. f.4v. El sueldo de los soldados que acompañaron a Pedro Menéndez de Avilés era de unos «dos ducados cada mes» (AGI, Contratación, 4792. f.2). Suponemos que como mínimo ese hubiera sido igualmente el sueldo para Rodrigo.
[75] «Bartolomé Menéndez estubo en la dicha çiudad de Nombre de Dios muy enfermo y a punto de muerte y de tal manera que se creya que no bolvería a España, y muchas vezes este testigo oyó dezir que era fallesçido» AGI, Justicia, 873, Nº 10, Pieza 3. f.9.

de llegar a Nombre de Dios, estimados entre 400 y 500 muertos, además de varios otros que huyeron sin consentimiento de los capitanes.[76]

A pesar de todo, queda claro que Rodrigo Ortiz Vélez superó los males que lo afligieron, además de su separación de la armada haber sido muy oportuna. Pero, al igual que su partida inicial, no son conocidos los motivos absolutos de su decisión de estadía permanente en la Isla luego de su recuperación. Sin embargo, similarmente hay varios factores que podemos ofrecer de posible importancia.

San Germán: El Viejo y El Nuevo

Para el tiempo de su llegada la villa de San Germán ya había sido mudada desde su localización original, la costa este de la isla que es hoy la región de Añasco, hasta la costa suroeste, región actual de Guayanilla, en busca de mayor protección de los ataques que había sufrido anteriormente y que provocaron la destrucción del poblado casi en su totalidad.[77] La ubicación antigua gozó de un período de desarrollo que contó con una gran cantidad de oficiales –civiles, militares y eclesiásticos– y abundante extracción de minerales de valor.[78] Pero luego de la destrucción y disolución de la villa a causa de ataques por enemigos, la mayoría de los habitantes pasaron a la ciudad de San Juan ya que era el poblado principal de la Isla, y contaba con mejores fortificaciones y protección. Los vecinos que decidieron quedarse mudaron el poblado a la región suroeste donde había una villa ya establecida llamada Guadianilla.[79]

De modo que la relocalizada villa de San Germán debía haber estado sufriendo una escasez de recursos, tanto materiales como humanos. Y quizá estos factores de vulnerabilidad y necesidad regional hayan creado motivaciones particulares para Rodrigo quedarse allí, aun luego de su salud haber sido restaurada. La separación de su compañía hubiera significado la

---

[76] AGI, Justicia, 873, Nº 10, Pieza 4. ff.10v-12v.
[77] AGI, Santo Domingo, 155, R.11, Nº 126. f.4v.
[78] «a la banda del oeste que le llamaron San Germán, éste se hiço junto a la mar y se ennobleçió de pobladores y edifiçios […] y allí estavan los ofiçiales rreales y justiçia mayor» AGI, Santo Domingo, 155, R.11, Nº 126. f.4v.
[79] «luego la jente prinçipal dejó aquel pueblo [de San Germán] y se bino a esta çiudad [de San Juan], y otros se fueron a Santo Domingo, alguna pobre jente pasaron a haçer un pobleçuelo a Guadianilla» AGI, Santo Domingo, 155, R.11, Nº 126. f.4v.

consecuente pérdida de su sueldo, pero él, como un joven soldado letrado, sin duda hubiera tenido múltiples oportunidades de ingreso y desarrollo económico y, como veremos más adelante, fueron oportunidades que aprovechó.

Aunque aparte de estas consideraciones, especulaciones no han faltado y sugieren que el motivo absoluto de su estadía en la Isla fue por consecuencia del primer evento del que tenemos noticias luego de su llegada. Para el año siguiente, el 1563 —o temprano en 1564— Rodrigo contrajo matrimonio, «en has de la santa madre yglesia»,[80] con **Constanza Ortiz**, hija del regidor **Miguel Sánchez** y **Ana González**.[81] Su matrimonio con Constanza lo habrá posicionado favorablemente entre los vecinos con mayor influencia en la villa al haber entrado en la esfera social que compartió con su suegro.

Sus propios méritos no pueden ser tampoco desestimados, pues lo cierto es que su ascenso en los escalones sociales fue continuo y rápido. Al poco tiempo después de su llegada se unió al Cabildo de la villa, y en menos de 10 años sería electo alcalde ordinario de San Germán. No fue sin retos o tragedias el trayecto de Rodrigo desde soldado a alcalde, múltiples eventos obraron a su favor y muchos otros en su contra.

---

[80] AGI, Santo Domingo, 79, N° 141. f.1527v.
[81] AGI, Justicia, 980, N° 1, Pieza 2. ff.4-4v.

IV

Corsarios Franceses

Para el 1565, unos años después de su llegada y despose, Rodrigo Ortiz Vélez fue nombrado «alférez de la gente de a caballo» por Juan López de Aliseda, teniente de gobernador y juez de la villa.[82] Su disposición y capacidad para defender la villa sería puesta a prueba sin demora, pues para esa fecha la villa permanecía ubicada en Guadianilla; específicamente, la villa de San Germán estaba a una legua, o aproximadamente cinco kilómetros y medio de distancia del puerto en la costa suroeste.[83] Esa ubicación presentaría varios retos para la tranquilidad de los vecinos, en particular, su proximidad a la costa los hacía vulnerables a ataques por diversos adversarios, tanto nativos como extranjeros.

Y así, en el año de 1565 se avistaron varios navíos franceses acercándose al puerto costero de Guadianilla con intención de desembarcar.

---

[82] AGI, Santo Domingo, 79, N° 141. ff.1526, 1528.
[83] «la dicha villa de San Germán que estaba poblada en la dicha rivera de Guadianilla, una legua del dicho puerto, poco más o menos» AGI, Santo Domingo, 169. f.13. La conversión de legua a kilómetros es asumiendo que la distancia referida fue estimada haciendo uso de la antigua legua castellana. El valor exacto de la legua es impreciso ya que antiguamente su uso y su expresión fue muy ambigua en los reinos de España, oscilando entre 4½ km hasta más de 6 km. (Terreros Pando, *Diccionario castellano con las voces de ciencias y artes*, pp. 433-434.). Para simplificar la aproximación hemos utilizado 5½ kilómetros por cada legua.

Rodrigo se movilizó inmediatamente, desplazándose hasta la playa acompañado de varios otros vecinos más para hacer guardia, entre los que estuvieron: Bartolomé Cataño, Andrés Martín, Juan González de la Cruz y Salvador de Moya.[84] Estos cuatro, años más tarde, darían testimonio de cómo Rodrigo permaneció tenazmente «de noche y de día por más de beinte días en la playa defendiendo» para disuadir a los franceses en su intento de desembarco.[85] Sin enfrentamiento o combate directo, los enemigos cedieron y se marcharon sin tocar la arena, obteniendo el poblado de San Germán una pequeña pero significativa victoria en contra de los corsarios franceses.[86]

Los franceses, ingleses y holandeses formaban parte del conjunto de enemigos por parte de las otras potencias europeas que competían contra España por recursos y control geopolítico regional. Entre esos, los franceses fueron los más persistentes en sus amenazas a la región en el siglo XVI. Sus ataques al antiguo poblado de San Germán fueron registrados tan temprano como el año 1528, y múltiples ataques más continuarían en las siguientes décadas.[87] La región oeste tampoco fue la única en sufrir de sus ataques y saqueos. En el año 1579 atacaron la región norte de Arecibo, incluso, tomaron por rehén al gobernador Francisco de Obando Mejía, quien murió a manos de los franceses ese mismo año.[88]

Conscientes de las persistentes y violentas amenazas, la determinación de Rodrigo Ortiz Vélez en 1565 en contra de los franceses fue reconocida por los vecinos de San Germán, y el evento aparenta haber sido importante no tan sólo para la seguridad de la villa, sino también por haber sido una inadvertida prueba de valor y compromiso para Rodrigo como alférez. No obstante, la ubicación de la villa aún dejaba muy expuestos a sus habitantes, y los corsarios franceses no fueron los únicos en atacar el poblado de San Germán.

Vecinos, en testimonios y apelaciones, expresarían cómo ellos habían sido víctimas de ataques y perjuicios periódicos por parte de los indios caribes. Declarando que:

---

[84] AGI, Santo Domingo, 79, N° 141. ff.1529, 1531,1531v-1532, 1533v.
[85] Ibid., f.1526.
[86] La actividad corsaria, a diferencia de la piratería indiscriminada, era llevada a cabo con el consentimiento y auspicio del Estado como medio de perjuicio económico y comercial contra otra nación rival (De Azcárraga y de Bustamante, *El corso marítimo...*, p. 27).
[87] Negroni, *Historia Militar de Puerto Rico*, pp. 149, 223.
[88] AGI, Santo Domingo, 155, R.9, N° 65. f.2.

«los dichos caribes tienen despoblada la mayor e mejor parte desta ysla, e que casi todos los años tienen ~~todos~~ por costumbre de benyr a ella e quemar e destruir e robar todo lo que allan».[89]

También, los indios caribes mantuvieron a muchos españoles cautivos en la isla de Dominica.[90] Todos estos eventos conspiraron en contra de la paz de los vecinos y alimentaron las ganas de mudar la villa lejos de la costa. Aun así, esa mudanza y los eventos posteriores que motivaron a los vecinos a ejecutarla serían consecuentes y precedidos por el derramo de mucho sudor, sin duda, lágrimas, y sangre.

---

[89] AGI, Justicia, 980, N° 1, Pieza 2. f.6. «todos» aparece tachado.
[90] Ibid.

V

«¡Caribes! ¡Caribes!»

Para finales del año 1567 Rodrigo Ortiz Vélez y Constanza Ortiz ya habían tenido tres hijos.[91] Vivían asentados en las «estançias abajo» del río de Guadianilla,[92] y tenían, además, varios esclavos a su servicio.[93]

En el mes de noviembre de ese año Rodrigo se encontraba en la ciudad de Santo Domingo en la isla de La Española, muy posiblemente atendiendo asuntos que sus cargos militares o civiles le exigían.[94] Ajeno a él, su familia y demás vecinos de San Germán serían víctimas de un horroroso evento que fue narrado por los testigos que presentaron sus testimonios semanas más tarde.[95]

Destrucción de la villa de San Germán en 1567

El domingo 23 de noviembre de 1567 se rompió trágicamente el silencio de las primeras horas de la mañana justo antes de que saliera el sol

---

[91] AGI, Justicia, 980, N° 1, Pieza 2. f.4v.
[92] Ibid., ff.4-4v, 6v.
[93] AGI, Santo Domingo, 168. f.408v.
[94] Ibid.
[95] AGI, Justicia, 980, N° 1, Pieza 2. ff.2-30.

sobre la villa de San Germán, aún en su asiento en Guadianilla. La calma de esas primeras horas fue interrumpida cuando escucharon una voz urgente y agitada gritando: «¡Caribes! ¡Caribes!».[96] El aviso tendría una fuerte resonancia, pero los vecinos estaban en desventaja en el inminente ataque por parte de los indios caribes.

Comenzaron por el puerto, en donde llegaron en sus embarcaciones, unas «nueve piraguas».[97] En la bahía reposaba un barco el cual prendieron en fuego, mataron y mutilaron el cuerpo de uno de los marineros y secuestraron al capitán, quien murió eventualmente a causa de sus heridas.[98] Luego continuaron destruyendo y quemando las estancias que estaban junto al río. Desde allí, siguiendo el «camino real», llegaron pronto hasta la villa de San Germán.[99] Durante las próximas horas los caribes, entrando de casa en casa, robaron las pertenencias y ropas que encontraron, luego dieron fuego a cada una de las viviendas. Quemaron la iglesia y su retablo, así como mataron con flechas a la mayoría del ganado, las ovejas, caballos y «hasta los perros».[100]

En el violento transcurso muchos hombres, mujeres y niños fueron secuestrados y varios otros fueron asesinados. Constanza Ortiz fue secuestrada con sus tres hijos, así como su madre, Ana González.[101] El número exacto de los vecinos secuestrados es incierto, pero fueron al menos unos 25, siendo llevados «manyatados».[102]

Según los testigos, el ataque fue encabezado por hombres caribes, pero también hubo mujeres y adolescentes, y varios testigos alegaron que vieron a niños caribes tan pequeños como de ocho o diez años participando del ataque.[103] Aun sin poder precisar una cantidad exacta, el número de indios caribes que atacó la villa esa mañana fue estimado entre 700 u 800 por varios de los testigos, aunque resulta muy posible que la cantidad haya sido sobrestimada por la conmoción y el pánico.[104]

Los caribes, con sus rehenes y su botín, se hicieron a la mar

---

[96] Ibid., ff.6v, 9v.
[97] Ibid., f.18v.
[98] AGI, Santo Domingo, 169. f.16v.
[99] Ibid., ff.10v, 13.
[100] AGI, Justicia, 980, Nº 1, Pieza 2. f.7v.
[101] AGI, Santo Domingo, 168. f.408v.
[102] AGI, Justicia, 980, Nº 1, Pieza 2. f.1.
[103] Ibid., ff.7v, 10v.
[104] AGI, Santo Domingo, 155, R.6, Nº 37. f.1v; AGI, Justicia, 980, Nº 1, Pieza 2. f.7v.

nuevamente en sus embarcaciones bordeando la costa en dirección este.

Ajeno al ataque de la villa, pero de camino a ella, se encontraba el gobernador Francisco Bahamonde de Lugo que hacía unos días ya había comenzado su viaje desde San Juan hacia San Germán por petición e invitación de los vecinos. En su informe al rey, Bahamonde de Lugo escribió:

> «En veynte e tres del mes de noviembre próximo passado, vinieron yndios caribes de la Dominica e islas comarcanas, con flota de sus navíos llamados piraguas [...] e dieron detrás desta isla, en un pueblo que se llama Sant Jermán el Nuevo, tomándolo, rrobándolo y quemándolo. Y se llevaron niños, mugeres y hombres, los que pudieron, y mataron algunos [...] en este tiempo yo avía salido desta çiudad [de San Juan], dejándola a buen rrecaudo, a visitar la tierra por avérmelo pedido, que avía grand neçesidad dello»[105]

El gobernador andaba acompañado de: Pedro de Ortega, Tello Pantoja de Monroy, García de Toledo, Juan Díaz de Santana y al menos dos criados. Habiendo llegado a la región de Aibonito, el gobernador y su séquito fueron interrumpidos por Julián Sánchez, quien llevaba unas cartas remitidas por Juan Mateos con el mensaje y noticias del ataque y saqueo de la villa, y de la muerte y secuestro de muchos de los vecinos.[106] El gobernador continuó con paso acelerado hacia San Germán, y más tarde ya cerca de la costa, desde el cerro de la quebrada llamada Guayacán, avistó dos embarcaciones de los caribes que se movían en dirección este.[107] Inmediatamente alteró la dirección de su marcha y junto con su séquito se movilizó hasta Guayama por la sospecha de que esa otra villa costera sería también atacada.

Los indios caribes, aún con los cautivos de San Germán y el botín, hicieron una parada en una pequeña villa llamada Guamaní —cerca del río de su mismo nombre— y ubicada a unos cinco kilómetros de distancia de la villa de Guayama. Allí quemaron las otras pocas casas y bohíos que había y mataron más ganado.[108]

---

[105] AGI, Santo Domingo, 155, R.6, N° 37. f.1.
[106] AGI, Justicia, 980, N° 1, Pieza 2. f.12v.
[107] Ibid., ff.7v, 11, 13.
[108] Ibid., ff.13v, 16.

Teniendo noticias de esto, el gobernador Bahamonde entonces tomó el resto de sus acompañantes, y juntó otros más, en total aproximados unos 18 o 20 hombres,[109] y prepararon una emboscada en Guayama, teniendo la ventaja de la elevación del terreno para mantenerse al tanto de los pasos de los caribes.[110] El transcurso de estos movimientos y planes tomó días.

Finalmente, justo al atardecer cuando oscurecía, el viernes 28 de noviembre de 1567, cinco días después del ataque en San Germán, el gobernador con sus hombres tomó por sorpresa a los indios caribes. En la batalla que se desató hubo muertes en ambos bandos, pero el elemento de sorpresa favoreció a los contraatacantes, y el gobernador y sus hombres derrotaron a los caribes, liberando a todos los rehenes. El gobernador Bahamonde por su parte salió herido por una flecha con veneno en la parte superior de la pierna, cerca del glúteo, y fue llevado junto con todos los otros vecinos rescatados a la villa de Guayama que había permanecido protegida. De allí partieron unos días más tarde, el lunes 1º de diciembre, de regreso a la villa de San Germán, o lo que quedó de ella.[111]

Rodrigo Ortiz Vélez llegó a principios del mes de diciembre, unos ocho o diez días después del ataque:

> «y halló su casa quemada de los dichos caribes y la muger y hijos y negros y toda la demás hazienda que [él] tenía llebada de los dichos caribes»[112]

Solamente quedaron unas tres o cuatro casas en toda la villa.[113] Rodrigo, «por ser uno de los señalados honbres que havía en todo aquella tierra», aparenta haber sufrido daños muy personales.[114] Eventualmente, su horror debió haber sido aliviado cuando finalmente llegaron a la villa los vecinos rescatados, incluyendo su familia y su suegra. Constanza sufrió una herida por una lanzada y uno de sus esclavos fue asesinado.[115] Pero lo que debió ser la tragedia más grande para Rodrigo y su familia fue la pérdida de

---

[109] AGI, Santo Domingo, 155, R.6, Nº 37. f.1v.
[110] AGI, Justicia, 980, Nº 1, Pieza 2. f.22v.
[111] Ibid., f.23v.
[112] AGI, Santo Domingo, 168. f.408v. Véase Apéndices, Documento nº 1.
[113] Ibid.
[114] AGI, Santo Domingo, 79, Nº 141. f.1524.
[115] AGI, Santo Domingo, 168. f.408v.

uno de sus hijos.[116] El ataque fue a finales del año 1567, unos tres o cuatro años luego de su enlace matrimonial. De manera que ninguno de los tres hijos que él y Constanza tenían para la fecha pudieran haber superado los cuatro años de edad.

La pérdida de su hijo, aún infante, y la de otros vecinos en los años previos, y posteriores, sin duda debió dejar una profunda impresión en él. Pues es evidente que en ausencia de la serie de eventos que llevaron al gobernador de camino a la villa de San Germán el mismo día del ataque, y su afortunada intervención, Rodrigo bien hubiera podido haber perdido no sólo un hijo, sino su familia entera. Por eso el evento igualmente pudo haber intensificado su deseo de proteger su familia y la villa en general de manera más permanente.

Así con renovadas intenciones actuaría en las próximas décadas contra numerosos adversarios; algunos viejos, otros nuevos.

---

[116] Ibid.

VI

Mudanza de la Villa de San Germán

Varios años después del ataque de los indios caribes, apenas habiéndose recuperado los vecinos, el 5 de abril de 1571, la villa fue nuevamente atacada por corsarios franceses:

> «saltaron en tierra con mano armada y binieron marchando hasta apoderarse en la dicha villa, questava un legua de la mar, e allí rrobaron e saquearon lo poco que abía quedado del ensendio de los caribes»[117]

No disponemos de un recuento tan detallado como en el caso de los sucesos de 1567, pero el saqueo de la villa por los franceses, aunque no tan devastador, igualmente retrocedió el proceso de rehabilitación que andaba en marcha desde el ataque anterior. Rodrigo tampoco se encontró en la villa ese día,[118] pero para su fortuna y la de los demás vecinos tal parece que no hubo pérdidas humanas. No obstante, robaron la plata, cálices y ropas que hallaron en la iglesia, y saquearon cuanto más encontraron en las casas de la

---

[117] AGI, Santo Domingo, 169. f.3v.
[118] Rodrigo declaró: «que lo oyó dezir porque no se halló presente quando los yngleses, franceses, binieron a esta villa, mas que después acá [lo] a oydo dezir públycamente a todo el común» AGI, Santo Domingo, 168. f.409.

villa.[119] Desde ese punto en adelante los vecinos oficiarían su determinación en distanciar más la villa de la costa.

Posiblemente con ese objetivo en mente, al año siguiente, en 1572, Rodrigo Ortiz Vélez fue nombrado alcalde ordinario de la villa de San Germán, a sus aproximados 32 años de edad.[120] Su nombramiento se produjo dentro de un contexto de movilización civil importante, pero los retos para mantener el bienestar común fueron múltiples. Pues en paralelo, además de gastar energías en las batallas en contra de sus adversarios, los vecinos también estaban continuamente enfrentando otra recurrente amenaza: la pobreza.

Los continuos ataques, saqueos y secuestros además de mantener a los vecinos en lo que seguramente debió de ser un estado perpetuo de alerta y ansiedad, también producían la consecuente pérdida de sus posesiones, del ganado y otros escasos recursos, lo cual a su vez les impedía generar y gozar de humildes abastos. También creaban la necesidad de reconstruir sus casas e iglesia. Siendo los recursos con los que contaban tan limitados, y las ayudas tan pocas, en 1572 el procurador general de San Germán, Juan Martínez de Avendaño, sometió una petición al rey para que enviara recursos para la reconstrucción de la iglesia de la villa.[121]

Al momento de la petición de Martínez de Avendaño la villa no tenía iglesia sino un bohío que era usado para la misa, y por ser tan pequeño muchos de los vecinos atendían a misa desde afuera.[122] Siendo los ritos religiosos tan vitales en la vida de la época, la falta de una estructura permanente que tuviese la función de iglesia debió ser particularmente desmoralizadora para los sangermeños.

Rodrigo Ortiz Vélez fue uno de los testigos presentados a favor de los vecinos y su testimonio confirmó el precario estado de los habitantes de la villa: «todos los vezinos de la dicha villa son pobres y padeçen mucha neçesidad», declaró él.[123] En su testimonio, además, dio noticia del estado de la iglesia que no había podido ser reconstruida desde la destrucción de la misma en el año 1567:

---

[119] AGI, Santo Domingo, 168. ff.414-414v.
[120] «Rodrigo Ortiz, alcalde ordinario desta dicha villa» AGI, Santo Domingo, 168. f.408.
[121] Ibid., f.407.
[122] Ibid., f.407v.
[123] Ibid., f.409.

«no se a hecho yglesia en la dicha villa después que caribes la quemaron a causa de la pobresa de la dicha yglesia y vezinos della, y que desde entonçes hasta agora, y hasta que Dios sea serbido, se a dicho misa y dize en un bohío de paja pequeño»[124]

El ataque de 1567 produjo otras pérdidas no menos tangibles. Mediante una Real Cédula la villa había sido concedida una porción de los bienes y recursos que eran enviados desde España a la ciudad de San Juan en años anteriores. Pero luego de la destrucción de la villa, la cédula, así como otras escrituras oficiales, fueron hechas cenizas al quemar la casa del Cabildo, resultando en la eliminación de «las merçedes» que, a falta de decreto oficial, dejaron de enviarles desde San Juan.[125] La pérdida de los antiguos recursos y la paralización de otros más conspiraban para prolongar el estado de pobreza y vulnerabilidad económica de la villa.

El testimonio de Rodrigo y demás vecinos ese año también fue importante porque además reveló otro dato significativo en la historia de San Germán. Estos declaran y confirman, en el mes de mayo de 1572, que los vecinos ya habían decidido colectivamente mudar la villa lejos de la costa, precisamente porque los ataques eran tantos que sus estructuras y abastos no eran de larga duración. Declaró Rodrigo el 14 de mayo de 1572:

«por ser pocos los vezinos de la dicha villa para defenderse de tantos enemigos como son françeses, yngleses y caribes, tienen acordado de mudar el pueblo a la tierra dentro con lyçençia de la Audiençia Real de Santo Domingo.»[126]

El proceso de mudanza de San Germán fuera de la ubicación en Guadianilla ya estaba en marcha para el 1572 por la petición haber sido aprobada el año anterior, el 12 de mayo de 1571, en efecto, por la Real Audiencia de Santo Domingo.[127] La provisión incluyó autorización particular para la construcción de «yglesia y casa de cabildo y carnicería».[128] Siendo Rodrigo el alcalde ordinario, fue entonces durante el transcurso del año de

---

[124] Ibid., ff.409-409v. Véase Apéndices, Documento n° 1.
[125] AGI, Santo Domingo, 169. ff.4v-5.
[126] AGI, Santo Domingo, 168. f.409v.
[127] AGI, Santo Domingo, 544. f.129v.
[128] Ibid.

1572 en que la villa de San Germán comenzó su mudanza a una localidad elevada, conocida como las Lomas de Santa Marta, y se instaló su gobierno civil permanente. Rodrigo y los otros miembros del Cabildo fueron los responsables además por la selección de la ubicación final.[129] La nueva localidad estaba a una elevación ventajosa y lejos de su asentamiento anterior, aproximadamente a 14 kilómetros de la costa sur.[130]

Cabe señalar que la villa de San Germán ya había tenido múltiples alcaldes y regidores notables antes del año 1572. La distinción que honra a Rodrigo Ortiz Vélez es haber sido el primer alcalde de la villa luego del comienzo de su mudanza, ubicación que coincide con la región más antigua del pueblo de San Germán en su actualidad, en las cercanías del río Guanajibo. Es decir, que cuando se traza la historia del pueblo de San Germán como, y donde, se conoce hoy, es con Rodrigo que oficialmente comienza su operación y desarrollo civil y judicial.[131]

Sin embargo, el proceso de mudanza no estuvo libre de

---

[129] El 14 de mayo de 1572 varios otros vecinos presentaron sus declaraciones y confirmaron las gestiones de los oficiales y la mudanza de la villa. Pedro Hernández Camacho declaró haber ido «con la justiçia y regimiento de la dicha villa a mudar a la tierra dentro, y que para ello tenían lyçençia de la Audiençia Real de Santo Domingo» (AGI, Santo Domingo, 168. f.414v). Francisco García, dijo que vio «yr a la justiçia y regimiento a asentar y mudar la dicha villa a la tierra dentro» (AGI, Santo Domingo, 168. f.415v.). Y Juan Batista Rizo declaró que «como vezino desta dicha villa sabe que la justiçia y regimiento de la dicha villa an mudado el pueblo a la tierra adentro» (AGI, Santo Domingo, 168. f.412v).

[130] «con liçençia de la rreal Audiençia de la çiudad de Santo Domingo se pasaron quatro leguas la tierra adentro» AGI, Santo Domingo, 169. f.3v. Hemos enfatizado aquí el valor de 14 kilómetros porque es la distancia geográfica aproximada desde la costa sur hasta el centro urbano del municipio actual de San Germán para ofrecer una idea de las dimensiones territoriales y de la ubicación de la villa con relación a la costa. Sin embargo, esas cuatro leguas declaradas por los vecinos de San Germán representarían entre 18-24 kilómetros de desplazamiento, teniendo constancia de la variabilidad del valor nominal de la antigua legua como unidad, y ameritado por los contornos y desvíos del camino.

[131] Los alcaldes ordinarios ejercían funciones judiciales y velaban por el orden público. Según el *Libro Quinto, Título III*, de la *Recopilación de Leyes de Indias*, la primera ley, vigente desde 1537, exigía de los alcaldes ordinarios conocer «en primer instancia de todos los negocios, causas y cosas que podía conocer el gobernador, o su lugar-teniente, en cuanto a lo civil y criminal; y las apelaciones que se interpusieren de sus autos y sentencias, vayan a las audiencias, gobernadores, o ayuntamientos» (Boix, *Recopilación de leyes...*, p. 176.). Y no menos importante, la cuarta ley del *Título III*: «Mandamos que para alcaldes ordinarios sean elegidas y nombradas personas honradas, hábiles y suficientes, que sepan leer y escribir, y tengan las otras calidades que para tales oficios se requieren.» (Ibid.).

inconvenientes que lo obstaculizaran. A pesar de la orden y licencia que ya había sido emitida por la Real Audiencia y el traslado físico que ya estaba siendo gestionado, el gobernador de la Isla, Francisco de Solís, retractó su autorización para la mudanza. De forma que Rodrigo y los vecinos se vieron obligados a solicitar una apelación a la Real Audiencia, y la cual fue decretada a favor de los vecinos de San Germán el 27 de enero de 1573.[132]

La Provisión de 1573 también ofreció un detalle curioso que revela que el gobernador Solís posiblemente no estuvo actuando completamente por su cuenta, o al menos actuando sin influencia externa total. La Real Provisión lee en parte:

> «La cual dicha provisión fue presentada ante vos y la obedecisteis y en cuanto al cumplimiento de ella buscastes sitio y lugar para asentar el dicho pueblo, que fue en las lomas que dicen de Santa Marta, y de ello enviasteis la razón a nuestro gobernador de esa dicha isla, él cual la probó [sic por aprobó] y mandó que así se hiciese con que el dicho pueblo nuevo se llamase la Nueva Villa de Salamanca, como más largamente consta y parece por los autos y testimonios que ante nos se presentaron.
>
> Y ahora, Simón de Bolívar, en nuestro nombre, nos hizo relación diciendo que habiendo hecho y cumplido lo susodicho, muchos días después, un Juan Muñoz, en nombre de dos o tres personas particulares, vecinos que decían ser de esa dicha villa, había dado petición, / [f. 131vo.] ante el dicho nuestro gobernador, contradiciendo el dicho sitio y asiento por causas particulares que a ellos les había movido, por lo cual, el dicho nuestro gobernador había suspendido la mudada de dicho pueblo»[133]

Aunque no todos los «particulares» fueron nombrados, queda claro que en la villa hubo varios residentes, y con aparente influencia, que no compartían las mismas opiniones de los demás en cuanto a la ubicación de la villa, y posiblemente otros asuntos. Y a su vez, tal parece ser que las astutas

---

[132] AGI, Santo Domingo, 544. ff.131-133.
[133] Transcripción extraída de: Caro de Delgado, *Villa de San Germán…*, pp. 205-206.

maniobras políticas que les permitieron a los vecinos mantener el nuevo asiento de su villa, también pudieron haber creado enemistad o resentimientos que hayan tenido una posterior manifestación.

Imagen 3: Monumento y escudo de San Germán conmemorando su fundación en las Lomas de Santa Marta. San Germán, Puerto Rico (2021).

VII

Más y Nuevas Batallas

Las Lomas de Santa Marta les ofrecieron más seguridad a los vecinos y más tiempo de harmonía para la redificación de su villa, pero nada en términos absolutos. Poco después de la mudanza San Germán sufriría dos ataques más muy significativos, aunque en ámbitos distintos: uno con armas y fuego, y el otro con tinta y papel. Y en ambos, Rodrigo Ortiz Vélez persistió en su labor y empeño velando por los intereses de los vecinos y sus compañeros.

Ataque Francés de 1576

El 8 de septiembre de 1576, a medianoche, fue atacada la villa una vez más por corsarios franceses que llegaron desde la costa sin haber sido percibidos: «fueron marchando por tierra quatro leguas por grande espesura de montes y pantanos de agua [y] vinieron sobre la villa a media noche estando los vecinos durmiendo»[134]

Penetraron la periferia y, aprovechando la sorpresa, saquearon las casas, hurtaron prendas de vestir y tomaron por cautivos a varios vecinos, incluyendo hombres, mujeres y niños. Los corsarios, con el botín en mano,

---

[134] AGI, Santo Domingo, 155, R.8, N° 59. f.1.

se hicieron en dirección a la costa con intención de regresar todos a sus embarcaciones, estimados más de 80 «arcabuzeros y piqueros que se bolbían a la mar con la presa de gente y hazienda».[135]

En medio de la conmoción, Rodrigo Ortiz Vélez reunió a los pocos vecinos que no estaban heridos y fueron tras el enemigo.[136] Al interceptar los corsarios, y desprendido un aguacero, se desató la batalla entre los bandos adversarios. Los vecinos de la villa, con Rodrigo como capitán al mando, y aun en desventaja siendo menor la cantidad de sus hombres, pelearon muy valerosa y desafiantemente hasta derrotar a los franceses, recobrando el botín y rescatando a los secuestrados, aunque dos de estos murieron durante la batalla:[137]

> «el dicho rrodrigo Ortiz, como capitán, juntó la poca gente que salió huyendo de la villa y desarmados salió a un esquadrón de los enemigos [...] y peleó con ellos y los desbarató y quitó la presa que llevaban.»[138]

La lluvia fue ventajosa para los vecinos de San Germán, pues los franceses no pudieron descargar la mayoría de sus armas, limitando el daño.[139] Salvador de Moya fue uno de los vecinos rescatados y un año después del ataque dio testimonio del heroísmo de Rodrigo. De Moya declaró:

> «este testigo era uno de los que los franseses llevaban preso y amarrado, y si no fue por la buena diligensia del dicho rrodrigo Ortiz que tubo en pelear con el dicho esquadrón, este testigo y los demás que llevaban los franseses lo pasaran mal.»[140]

Aun victorioso, Rodrigo durante la batalla sufrió una grave herida de bala en el brazo izquierdo. Con la ayuda y asistencia de su compañero, Andrés Martín, pudo sanar hasta recuperarse, pero no sin antes haber estado

---

[135] AGI, Santo Domingo, 79, N° 141. f.1526.
[136] Ibid., ff.1525v-1526.
[137] AGI, Santo Domingo, 155, R.8, N° 59. f.1.
[138] AGI, Santo Domingo, 79, N° 141. ff.1525v-1526.
[139] «fue Dios servido, que vino un aguazero que les mojó los arcabuzes e no pudieron aprovecharse dellos» AGI, Santo Domingo, 155, R.8, N° 59. f.1.
[140] AGI, Santo Domingo, 79, N° 141. ff.1533-1533v.

su vida en un precario balance. Añadiendo y relatando Salvador de Moya que «después de la escaramusa que tubo el dicho rrodrigo Ortiz con los dichos franseses, lo bido en su casa herido y llegar a punto de muerte».[141]

Bartolomé Cataño, otro de los vecinos de la villa, compartió detalles que se divulgaron sobre la severidad y profusión de la herida en su testimonio, relatando que:

> «le bido al dicho Rodrigo Ortiz la herida en el braso ysquierdo, tenello pegado por el molledo, y que no podía ser menos sino que el dicho Rodrigo Ortiz estaría a mucho rriesgo de morirse, porque este testigo oyó dezir que el día que los dichos enemigos lo hirieron andubo todo mojado.»[142]

Es importante reiterar que el ataque fue a medianoche y la villa estaba en una nueva localización cuyo tramo desde la costa son estimados unos 14 kilómetros de distancia. El gobernador Francisco de Obando Mejía compartió las sospechas de los vecinos de la villa en su carta al rey el 26 de septiembre de 1576:

> «tienese por çierto que por aquel camino que fueron [los franceses], por ser tan fragoso y montuoso y de muchas çiénegas, no pudieron yr sin persona que los guiase y supiese bien la tierra»[143]

Mudanza Permanente

El segundo ataque que sufrirían los vecinos ese mismo año fue sino una continuación de ataques previos a los derechos y concesiones que ya habían ganado los vecinos cuando decidieron mudar la villa de San Germán, desde la ubicación costera hasta la elevada en las Lomas de Santa Marta, y en la que se encontraba cuando recibieron una nueva orden por parte de las

---

[141] Ibid., f.1533v.
[142] Ibid., f.1529.
[143] AGI, Santo Domingo, 155, R.8, N° 59. f.1.

autoridades de la ciudad de San Juan.[144] Aunque los vecinos estaban complacidos con el nuevo asentamiento, el gobernador Francisco de Obando Mejía, quien reemplazó a Francisco de Solís en 1576, retó la prudencia y autoridad de los vecinos concedida por la Real Audiencia de Santo Domingo para mudar la villa, y decretó una orden que exigía regresar la villa de San Germán a su previa ubicación en Guadianilla.[145]

Las Lomas de Santa Marta le habían conferido mayor protección a la villa, pero esa frágil ventaja podía ser fácilmente quebrantada con el regreso a la costa. Teniendo además el vivo recuerdo de las vidas perdidas y todo el daño causado anteriormente –Rodrigo personalmente habiendo sufrido ambos– un regreso a la antigua ubicación era inaceptable para los habitantes. Así una vez más, Rodrigo Ortiz Vélez y los demás vecinos, con importante participación por parte de Juan Rodríguez de Olivencia como procurador general de la villa, y compadre de Rodrigo, pidieron a la Audiencia de Santo Domingo que les permitiera mantener el poblado de San Germán en donde se encontraba. Rodríguez de Olivencia presentó la petición: «porque no era justo que con tanto daño, gastos y pérdidas de los vezinos de la dicha villa se hiziesen tanta mudanza, y lo peor era que eran compelidos a estar sujetos a tantos riesgos».[146]

La voluntad colectiva del Cabildo y los vecinos y su persistencia prevaleció, y el 27 de febrero de 1577 la Real Audiencia de Santo Domingo emitió una nueva Real Provisión exigiéndole al gobernador Francisco de Obando Mejía que desistiera:

---

[144] La orden de mudanza, estimamos, fue decretada por el gobernador en el año de 1576, poco después de asumir el cargo, ya que la Real Provisión que eventualmente emitió la Real Audiencia en respuesta al asunto, y su resolución, fue presentada a comienzos de 1577 (véase).

[145] Es posible que los intereses que el gobernador Obando Mejía intentaba proteger fueron los mismos que el gobernador previo, Francisco de Solís, intentó igualmente acoger cuando resistió la primera orden de mudanza en 1571, acción que dio paso a la Real Provisión de la primera apelación de los vecinos en 1573. Según la Provisión de 1577 el gobernador Obando Mejía ordenó el regreso de la villa a la costa por «querer complazer a algunos particulares de la dicha villa que pretendían más sus intereses que el bien y sosiego común» (AGI, Santo Domingo, 544. f.109v.). No contamos con documentación que nos permita concluir de forma definitiva que los mismos que intervinieron en la mudanza la vez anterior –el tal Juan Muñoz y sus socios– hayan intervenido por segunda vez a través del gobernador Obando Mejía. Lo que queda claro en cualquier caso es que hubo una minoría disidente en la mudanza.

[146] AGI, Santo Domingo, 544. ff.109v-110.

«no inovéis en cosa alguna de lo que asta aora está fecho, por mandado de los dichos nuestros presidente y oidores, en lo tocante a la poblazión que está fecha en virtud de nuestras provisiones reales de la nuestra Real Audiencia»[147]

Los vecinos tuvieron su victoria definitiva con la Real Provisión de ese año, y les fueron concedidas las prerrogativas y los privilegios jurídicos para mantener la villa de San Germán en su ubicación permanente que hasta el día de hoy goza. Los asuntos legales, decretos y provisiones reales no terminaron en el año de 1577,[148] pero a partir de ese año no hubo más órdenes de mudanzas forzosas por parte de las autoridades de San Juan.

Rodrigo Ortiz Vélez: Sedición

Aunque no contamos con un recuento exacto de los movimientos de Rodrigo Ortiz Vélez durante el proceso de mudanza y los años inmediatos que le siguieron, se puede concluir que el papel que él jugó fue integral, pues su elección como alcalde ordinario y su recurrencia en el puesto durante y después de la mudanza indican haber ganado el apoyo y la confianza del Cabildo y los vecinos.[149] En adición, y más importante aún, los vecinos a partir de ese momento poseyeron un esquema de defensa legal que quizá no hubiera sido viable sin la participación de Rodrigo y las posibles alianzas que forjó en la Real Audiencia de Santo Domingo.[150] Ese esquema armó a los

---

[147] Ibid., f.110v.
[148] Aun después de la Provisión de 1577 las reclamaciones o quejas por parte de San Juan no cesaron totalmente. El 23 de enero de 1580 el gobernador incluso fue ordenado por la Real Audiencia a visitar la villa y hacer personalmente una evaluación de la ubicación antigua y la nueva, aunque la Real Audiencia mantendría la potestad de la determinación final. (AGI, Santo Domingo, 544. ff.113-114v.)
[149] En 1577 Rodrigo declaró haber servido como alcalde ordinario por tres años, además de haberlo sido al momento de la declaración (AGI, Santo Domingo, 79, Nº 141. f.1525v.). Es sobre todo un señalamiento importante ya que entre esos tres años previos de alcaldía estuvo el año de 1572, cuando se gestionó oficialmente el traslado de la villa, y en 1577 fue cuando la mudanza ganó legitimidad definitiva.
[150] Las referencias y asociaciones de Rodrigo con la ciudad de Santo Domingo en la segunda mitad del siglo XVI fueron numerosas. Sabemos que Rodrigo estuvo ausente en la villa durante el ataque de 1567 por haber estado de visita en Santo Domingo. Posteriormente, en 1579, presentó una solicitud de traslado en Santo Domingo, mencionando esa propia ciudad como destino de predilección, además de haber hecho procuraciones a la Real

vecinos con un modelo de protección jurídica único, ya que el éxito de la intervención de la Real Audiencia en relación a la mudanza creó un precedente que los vecinos replicaron, una y otra vez, en asuntos de autonomía y otros más.

En efecto, el *Libro Capitular de Privilegios de San Germán*,[151] que fue una compilación de los derechos y fueros de la villa, y trasladado por orden del gobernador Francisco Danio Granados en 1709, demuestra que los registros más antiguos de esos privilegios comenzaron con las *Provisiones* de la mudanza de la villa.[152] A pesar de que hubo peticiones y quejas por parte de la villa de San Germán en sus otros antiguos núcleos comarcanos anteriores a la mudanza final, es a partir de esas *Provisiones* que se ve documentado el uso de la Real Audiencia de Santo Domingo como instrumento de defensa legal por parte de los sangermeños para dimitir o anular órdenes emitidas por los gobernadores. Es decir, que antes de 1571-73, y de la elección de Rodrigo como alcalde ordinario, no aparentan haber desafíos legales semejantes en contra de los gobernadores por parte del Cabildo y los vecinos de San Germán, ni aparentan tampoco haber ocurrido en los otros poblados de la Isla, siendo eventualmente esas constantes acciones estratégicas caracterizadas como actos de *sedición* por otros gobernadores posteriores a la mudanza final de la villa.[153]

Audiencia durante su visita (véase, *Capítulo VIII*). Adicionalmente, en 1594, durante su *Juicio de Residencia*, varios vecinos de San Germán declararon que Rodrigo enviaba mercancías a La Española y mantenía gestiones comerciales activas con socios en la ciudad de Santo Domingo y en España (AGI, Escribanía, 133B, Pieza 8. ff.52v, 54v.). Aunque Rodrigo negó recibir mercancías de Santo Domingo, no negó que las enviase. Todos estos eventos y menciones revelan que Rodrigo mantuvo tratos favorables y contacto con personas en Santo Domingo por muchos años, antes y después de la mudanza de la villa.

[151] *Testimonio de las Reales Cédulas y Provisiones de su Alteza de privilegios de la villa de San Germán que de orden y mandato de su señoría el señor sargento mayor de infantería española, don Francisco Danio Granados, gobernador y capitán general de esta ciudad e isla por Su Majestad*, AGI, Santo Domingo, 544.

[152] «La primera vez en el siglo XVI, según la prueba documental conocida, en que los vecinos que habrían de constituir la villa de San Germán, el Nuevo o Nueva Salamanca, en las Lomas de Santa Marta, se vieron precisados a enfrentarse al gobernador para defender sus derechos, fue con motivo de la traslación del poblado de Santa María de Guadianilla.» Caro de Delgado, *Villa de San Germán...*, p. 12.

[153] El poblado de La Aguada, por ejemplo, asentado en la costa oeste de la Isla, hubiera tenido acceso a rutas marítimas que facilitaran el desplazamiento desde su puerto hasta el de la ciudad de Santo Domingo con igual o mayor facilidad que el puerto de la región de

La presentación sugestiva de Rodrigo Ortiz Vélez como la fuente inicial, o al menos la alimentación, de la insubordinación colectiva de San Germán a través de su vinculación con la Real Audiencia está conformada por varios elementos más relacionados con su posición en la villa y con su procedencia. Su condición como víctima de los ataques a la villa en su antigua ubicación no debería ser subestimada, pues habiendo sido su esposa herida y un hijo asesinado, más con la pérdida de sus bienes, su casa y ganados, él hubiera tenido motivaciones muy particulares y personales para querer mudar la villa. Su condición como almendralejense también pudo haber tenido una influencia importante. Rodrigo nació en una familia que incluyó regidores y funcionarios del Concejo de su villa, y él y varios de sus hermanos aparentan haber obtenido una educación formal durante sus años de crianza. De manera que Rodrigo no hubiera estado ajeno a las instituciones de poder y los miembros de esas clases sociales, y quizá eso lo haya hecho menos deferente a esas autoridades, a diferencia tal vez de otros vecinos pobres y sometidos.[154]

Adicionalmente, la villa de Almendralejo y la de San Germán tuvieron ciertos paralelos en los ámbitos legales y autonómicos. Estando bajo la jurisdicción de la ciudad de Mérida, los alcaldes de Almendralejo inicialmente no tuvieron autoridad absoluta sobre los asuntos judiciales y causas civiles de la villa, y tuvieron limitaciones en los decretos de multas y penas, además de otros perjuicios a los que declararon los vecinos ser sometidos. Esto provocó que el Concejo de Almendralejo desobedeciera en

---

San Germán. Aun así, sus vecinos no aparentan haber usado habitualmente a la Real Audiencia como herramienta de defensa legal. La ubicación geográfica de la villa de San Germán en la región suroeste y su proximidad a La Española, entonces, no es suficiente para explicar sus constantes visitas y apelaciones a la Real Audiencia, sino aparentan haber habido otros elementos únicos de San Germán en juego —personales o ideológicos—.

[154] Los vecinos pobres, además de quizá no tener las fuerzas o destrezas políticas para retar al gobernador, sencillamente no hubieran tenido los recursos económicos para pasar a La Española y presentar apelaciones. El costo del viaje, las provisiones y la desatención que hubieran sufrido sus ganados o cultivos al marcharse, son factores que señalan a su inhabilidad de abandonar la tierra por mucho tiempo sin mayores consecuencias. En cambio, los vecinos ricos (término relativo) sí hubieran sido capaces de desplazarse por las jurisdicciones coloniales de España ya que disponían de mayores recursos económicos y, como en el caso de Rodrigo, también muchos de ellos contaban con esclavos que atendieran a sus familias y haciendas. Dicho de otro modo, viajar hasta la ciudad de Santo Domingo a presentar peticiones o apelaciones era un *"lujo"* que los vecinos pobres muy probablemente no podían gozar.

repetidas ocasiones los límites judiciales impuestos por Mérida, y desarrollara lo que el historiador Francisco Zarandieta Arenas describió como una cierta «rebeldía institucional ante la cabeza de la Tierra».[155] Del modo de ver de los vecinos, esas limitaciones y demás detrimentos que sufrían «no suponían un aprovechamiento común».[156]

La inconformidad con su situación los llevó en 1536 a presentar apelaciones a autoridades supremas en contra de las oposiciones de Mérida. En busca de mayor autonomía judicial, ofrecieron tributos monetarios a la Corona a cambio de esa deseada potestad, y la cual obtuvieron desfavoreciendo a sus superiores emeritenses.[157] Tributos similares le seguirían unos años después para mantener sus privilegios y la vigencia sin limitaciones de una Real Cédula del año 1540 que protegía su jurisdicción.[158]

Las motivaciones del Concejo de Almendralejo aparentan haber sido propulsadas por tendencias ideológicas imperturbables, ya que sus pleitos jurisdiccionales se extendieron hasta finales del siglo XVII, abarcando múltiples generaciones y gastos.[159] Y a pesar de que Rodrigo no participó directamente en esas acciones y apelaciones, esos eventos, junto con las opiniones de sus parientes o miembros de su entorno social, posiblemente hayan sido capaces de moldear las disposiciones de un joven Rodrigo y hayan concretizado sus ideas en cuanto a límites o parámetros de gobernación y autonomía, y cuyas ideas haya accionado él al momento de los sangermeños enfrentar retos similares.[160]

Prediciblemente, las acciones de los vecinos de San Germán a partir

---

[155] Zarandieta Arenas, *Almendralejo en los siglos XVI y XVII*, p. 376.
[156] Ibid.
[157] Ibid., pp. 377-78. En 1536 Almendralejo obtuvo el Privilegio de Villazgo.
[158] Ibid., p. 381.
[159] Ibid., pp. 390-91.
[160] Como otro ejemplo de conflictos causados o amplificados por la *rebeldía institucional* de los vecinos de Almendralejo, en el mes de mayo de 1580 Gonzalo Ortiz Vélez, hermano de Rodrigo, y alcalde ordinario de la villa ese año, fue apresado en la cárcel de la villa de la Solana y el Concejo de Almendralejo fue obligado a pagar una multa (AHN, Diversos-Mesta, 18, N° 10. ff.11v-12v). Todo esto a causa de los vecinos de Almendralejo haber violado los antiguos protocolos de manejo y cuidado de las dehesas que rodeaban la villa, talando la tierra para su sembrado y cultivo; habiendo sido las dehesas extremeñas para el uso exclusivo de los ganados. Los vecinos justificaron sus acciones usando unas provisiones y licencias otorgadas por la ciudad de Sevilla, pero el juez rechazó sus argumentos por el manejo tradicional que protegía las dehesas y por denegación de los derechos jurisdiccionales de los pastos comunales por parte de Sevilla.

de la mudanza de la villa a las Lomas de Santa Marta fueron causas de molestias para los gobernadores de la Isla. Ya para el año 1591 le escribiría el gobernador Diego Menéndez de Valdés al rey informándole sobre cómo los vecinos de San Germán habían desarrollado una cierta defensa estratégica que estimaba con inferioridad su autoridad, y sobre el prominente papel que estaba jugando la Real Audiencia de Santo Domingo en sus asuntos:

> «si Vuestra Magestad no manda se rremedie lo qual yo no puedo haçer, porque la Real Audiençia de La Española me va a la mano sustentando aquella jurisdiçion sin rreparar en el daño que dello rresulta [...] desta manera, el gobernador desta Isla casi no lo es de aquella jurisdiçion al serviçio de Vuestra Magestad»[161]

Los gobernadores Juan de Haro,[162] en 1626, y Fernando de la Riva,[163] en 1646, presentaron quejas semejantes. Más ilustrativa aún, sin embargo, fue la carta del gobernador José de Noboa Moscoso al rey el 15 de noviembre de 1658 —más de 80 años después de la mudanza de la villa— en la que éste expresó su frustración con el celo que los vecinos de San Germán protegían sus autoridades y desafiaban las de San Juan:

> «Cuyo cuerpo y junta ha sido siempre en tanto perjuicio de los gobiernos pasados que no ha habido gobernador ninguno de muchos años a esta parte a quien no hayan perdido el respecto [sic por respeto] y la obediencia, con tanto desahogo que muchos de mis antecesores han tenido junta

---

[161] AGI, Santo Domingo, 155, R.11, N° 126. f.5.
[162] «Los veçinos de San Jermán, villa del distrito desta çiudad, se an livertado tanto con las çédulas que cada día les da la Audiencia de Santo Domingo» AGI, Santo Domingo, 156, R.4, N° 46. f.1v.
[163] «La desobediencia de los veçinos de San Germán, de que con los autos de la causa e dado quenta a Vuestra Magestad [...], se continua por haver apelado de ellos para la Audiençia de Santo Domingo, y el theniente de aquel distrito, no deviendo otorgarles la apelaçion por ser contra las çédulas reales que están en los mismos autos, y tanbién por no ser juez desta causa sino un mero executor de mis hórdenes, se la otorgó, y aunque e escripto a la Audiençia sobre este caso, no á tomado resolución, ni la tomará mientras Vuestra Magestad no se sirva de mandarle por nueba çédula que, devajo de graves penas, no enbaraçe con sus provisiones a los gobernadores de esta Ysla» AGI, Santo Domingo, 156, R.7, N° 94. f.1.

la infantería de este presidio para ir a castigarlos y hacerse respectar [sic] y obedecer, a cuya ejecución no se han resuelto por recelar tumultos y escándalos mayores. Y aunque yo cuando entré en este gobierno procuré con toda buena maña y agasajo reducirlos a mejor obediencia y reconocimiento al gobierno que Vuestra Majestad se sirve de ponerles, no he podido conseguirlo, ni que se ejecute orden ni mandato que de aquí se envíe»[164]

Añadiendo:

«todos estos inconvenientes ocasionan las alas que hallan en la Audiencia de Santo Domingo, pues como si los gobernadores de esta Isla no fueran puestos por Vuestra Majestad ni sus vasallos. Parece que aquella Audiencia, o por temas o por pasiones, tiene puesta la mira en contradecir y deshacer cuanto obran, tanto lo bueno como lo malo, de donde nace el **orgullo, inquietud** y **sedición** de estos naturales, que por su naturaleza son humildes, pero tieneles ensoberbecidos la facilidad con que pasándose a Santo Domingo cualquier vecino, y dando una petición en la forma que le parece disponerla, le conceden las Provisiones que pide como sean contra los gobernadores, de lo que resultan estos daños. Cuando no hay duda de que si no hallasen este abrigo y estas facilidades vivieran con la paz, quietud y obediencia que los demás lugares de la Isla.»[165]

---

[164] AGI, Santo Domingo, 157, R.1, N° 7. f.1. La ortografía del texto original de la carta aquí citada ha sido alterada con intención de facilitar su lectura en esta sección. Para leer una transcripción literal de la carta en su totalidad: véase Apéndices, Documento n° 10.
[165] Ibid., ff.1-1v, énfasis añadido. En la misma carta, en adición de San Germán, el gobernador Noboa Moscoso nombró los otros distritos: «los demás lugares de la Isla, que son Cuamo [sic por Coamo], el Arrezivo [sic por Arecibo] y la Aguada» Ibid., ff.1v-2.

VIII

Probanza de Méritos de Rodrigo Ortiz Vélez

En el año 1577 Rodrigo Ortiz Vélez fue nuevamente nombrado alcalde ordinario, en adición de también haber sido procurador general. Luego de la mudanza de la villa, habiendo progresado la década del setenta, Rodrigo pasó a ser sin duda uno de los vecinos más prominentes en San Germán. Y así, el 16 de agosto de 1577, se presentó ante el escribano público, Gerónimo Marqués, y el teniente de gobernador de la villa, Francisco Ortiz, para presentar su testimonio y el de varios otros vecinos a su favor:

> «Muy magnífico señor, rrodrigo Ortiz Béles, vezino desta villa de San Germán, y capitán en ella, paresco ante Vuestra Merced y diguo que me conbiene hazer una ynformasión *ad perpetuam rrey memorian*, o como aya mejor lugar de derecho, para que por ella Su Magestad en su rreal Consexo de las Yndias le conste de cómo le servido en esta dicha villa todo el tiempo que en ella estado.»[166]

---

[166] AGI, Santo Domingo, 79, Nº 141. f.1525.

Entre los días 16 y 19 de agosto, Rodrigo presentó un total de seis testigos que respondieron preguntas de cómo él había servido al rey en sus distintos cargos y hazañas.[167]

Sobre sus cargos oficiales:

> «III. Yten, si saben etc. que en este dicho tiempo el susodicho a servido de alcalde ordinario tres años en esta dicha villa y lo an elegido en el Cabildo, y ansí mysmo otros dos años de procurador general del consexo della. Digan lo que saben.»[168]

> «VIII. Yten, si saben etc. que el dicho Rodrigo Ortis Béles en todos los cargos y ofisios que a Su Magestad a servido, ansí de alcalde ordinario como de procurador general e de capitán y alféres, an bisto los testigos que lo a hecho bien y fielmente y en todo a hecho lo que debía y era obligado. Digan lo que saben.»[169]

Sobre sus disposiciones:

> «VIIII. Yten, si saben etc. que el dicho rrodrigo Ortiz Béles es onbre pasífico y bien quisto en la dicha villa y abido y tenydo por cristiano biejo y probechoso en la rrepública, y persona ábil y sufisiente para poder servir a Su Magestad en los ofisios y cargos que en estas partes se quisiere servir. Digan lo que saben.»[170]

La *Probanza de Méritos* de Rodrigo Ortiz Vélez representa un documento singular en el estudio biográfico de su persona, pues además de dar un nítido recuento de sus obras durante los 15 años que él ya llevaba en San Germán, ofrece también más información contextual que aumenta su

---

[167] Los testigos de la *Probanza* fueron: Juan López de Aliseda (declaró ser compadre de Rodrigo), Bartolomé Cataño, Diego González, Andrés Martín, Juan González de la Cruz y Salvador de Moya.
[168] AGI, Santo Domingo, 79, Nº 141. f.1525v.
[169] Ibid., ff.1526-1526v.
[170] Ibid., f.1526v.

valor biográfico.[171] Principalmente, los documentos de su *Probanza* fueron acompañados de una carta de presentación que fue redactada dos años más tarde, el 16 de agosto de 1579, en Santo Domingo, y en la cual se revela el propósito de la *Probanza*. A través de la carta Rodrigo solicitó que se le concediera el puesto de tesorero en el Cabo de la Vela (Colombia), o un oficio similar que estuviera disponible en alguna de las islas vecinas:

> «pide y suplica le haga merced del ofiçio de thesorero que está baco en el Cabo de la Bela o el que se hubiere de probeer en la ysla de Santo Domingo o en el de San Joan de Jamayca, o en otra cosa que Vuestra Alteza fuere servido»[172]

No está totalmente claro qué motivó su petición. Para la fecha él y Constanza ya hubieran tenido cuatro hijos, todos menores de 16 años. Aunque los vecinos de la villa para ese entonces ya estaban en un lugar más seguro y conformes, quizá intentaba buscar mayor estabilidad aún para su familia. O tal vez resentía la lenta reconstrucción de la villa y la escasez, o los pleitos internos.

Tampoco su caso fue único. Para el 1570 se lamentaba el gobernador Francisco de Solís, por reducción de los recursos minerales de la Isla luego de la explotación intensiva de los mismos, de cómo la pérdida de riquezas estaba produciendo la partida de muchos individuos para otras colonias, o de regreso a España.[173] Noticias similares envió el gobernador Juan de Céspedes en 1580.[174]

Cuál haya sido la motivación de la petición de Rodrigo, o lo que se pueda especular, su destino dio otro giro haciéndolo permanecer con su familia en la villa de San Germán.

*   *   *

---

[171] Véase Apéndices, Documento nº 2.
[172] AGI, Santo Domingo, 79, Nº 141. f.1524.
[173] «dándole cuenta del estado en que hallé esta tierra, que es en la maior pobreza, que se puede dezir tiene muy poca gente a causa de tener todos tanta neçesidad. Y así se salen de aquí todos los que pueden, unos para España, otros a otras partes huyendo como pueden» AGI, Santo Domingo, 155, R.7, Nº 41. f.1.
[174] AGI, Santo Domingo, 155, R.9, Nº 65. ff.1-1v.

No tenemos muchas noticias de la villa para la década del ochenta del siglo XVI, relativamente. Para el 1581 el número estimado de vecinos era de 40,[175] y resulta apropiado o probable que haya sido un tiempo de recuperación y reafirmación para San Germán, y sus habitantes, sufriendo menos atropellos, tal vez tuvieran más tiempo para el desarrollo colectivo económico y social.

La recuperación y restablecimiento de sus ganados fue rápida, pues ya para finales de la década de 1580 la villa suplía la carne que se consumía en San Juan casi en su totalidad, hecho que aceptó el gobernador en 1591, pero no sin resentimientos.[176] Los vecinos no dedicaban toda su producción agrícola para abastecer totalmente la ciudad capital, y a medida que fue creciendo el ganado, creció también el comercio con otras partes.[177]

En cuanto a sus edificios y estructuras, como era de esperarse, también se vieron muy favorecidos por la ausencia de ataques continuos. Como el ganado, a finales de la década las edificaciones comenzaron a proliferar, con el centro de la villa contando con unas 26 casas o viviendas, además de las haciendas y estancias que rodeaban el núcleo.[178] En adición, finalmente recibieron la autorización de recursos para su iglesia: 300 ducados por decreto oficial en 1584,[179] y luego 200 ducados que ordenó la Real Audiencia de Santo Domingo al gobernador ceder en 1588.[180] Ya para este tiempo, además, la villa tenía un hospital,[181] y unas dos décadas más tarde se vería la construcción de un convento dominico, el Porta Coeli.

---

[175] AGI, Santo Domingo, 172, R.4. f.268. El término *vecino* ha tenido un significado ambiguo, pero en este caso se refiere a unidades familiares o conjunto de personas vinculadas. No disponemos de suficiente información para establecer un coeficiente de conversión que nos ayude a estimar el número de *almas*, o habitantes. Sabemos, en cambio, que el número de vecinos en esta década era mayor que en otras anteriores. Para finales de la década de 1540, por ejemplo, el número de vecinos era estimado a unos «poco más de treinta» (AGI, Santo Domingo, 172, R.2. f.118).

[176] AGI, Santo Domingo, 155, R.11, N° 126. ff.4v-5. En 1608 otro de los gobernadores dio relación similar sobre el ganado: «San Jermán, donde está todo el ganado que se tray para las carnizerías de esta ciudad» AGI, Santo Domingo, 155, R.15, N° 196. f.1v.

[177] AGI, Santo Domingo, 155, R.11, N° 126. ff.4v-5

[178] Ibid., f.4v.

[179] AGI, Santo Domingo, 169. f.2v.

[180] AGI, Santo Domingo, 544. ff.111v-113.

[181] AGI, Santo Domingo, 172, R.4. ff.268-268v.

Ordenanzas Electorales de 1580

Rodrigo Ortiz Vélez, por su parte, aun con sus planes de marcha anulados y sin aparente reanudación, continuó sus funciones civiles en representación de los vecinos. Por petición suya ante los oidores de la Real Audiencia de Santo Domingo, el 29 de enero de 1580 fue decretada otra Real Provisión presentando las ordenanzas para las elecciones de los oficiales de la villa de San Germán.[182] Los regidores perpetuos anteriores habían sido nombrados por el gobernador Francisco de Obando Mejía y habían tenido el derecho de participar en las elecciones de los alcaldes y otros oficiales.[183] Sin embargo, Rodrigo presentó la petición de las ordenanzas electorales porque:

> «el dicho gobernador no avía tenido facultad para nombrar los dichos regidores perpetuos, y desean pretendir saver el horden que an de tener de aquí adelante, así en las elecziones de los dichos regidores como de los demás ofizios»[184]

Es decir, los vecinos de San Germán no aceptaron como legítimos regidores los que fueron puestos en esos cargos por el gobernador, y solicitaban la potestad de la Real Audiencia para invalidar los nombramientos y efectuar elecciones anuales únicamente con votos de los miembros del Cabildo electo. La reafirmación de los procesos electorales en la villa a través de la petición de Rodrigo sugiere un cierto celo por los cargos concejiles.[185] Además, parece igualmente posible que los regidores que el gobernador Obando Mejía había asignado hayan mostrado mayor lealtad a él, favoreciendo sus órdenes o sus propios intereses sobre el bienestar colectivo de la villa, y lo cual haya motivado al Cabildo a buscar mayor control sobre sus oficios.

---

[182] AGI, Santo Domingo, 544. ff.97-101v.

[183] Desconocemos la cantidad exacta de regidores que hubieran sido nombrados por el gobernador Obando Mejía en la década del setenta, pero es probable que hayan sido un total de cuatro regidurías (AGI, Santo Domingo, 155, R.10, N° 68a. f.4.).

[184] AGI, Santo Domingo, 544. f.98.

[185] Cabe notar que el derecho del Concejo de Almendralejo a nombrar sus propios oficiales sin intervención externa fue otro de los asuntos principales que motivó a los almendralejenses en sus litigaciones jurisdiccionales (Zarandieta Arenas, *Almendralejo en los siglos XVI y XVII*, p. 391.). Véase, *Capítulo VII*.

La Real Audiencia decretó las órdenes a seguir de ese año en adelante autorizando la elección de dos alcaldes ordinarios, un alcalde de la Santa Hermandad y dos regidores; siendo estos electos por votos secretos todos los años el día 1º de enero.[186]

A parte de todo, las batallas políticas y legales de los vecinos no desaparecieron totalmente, en vez, fueron evolucionando y tomando nuevas dimensiones. Rodrigo, como el resto de los vecinos, fue igualmente adaptándose y manejando las repercusiones paulatinamente. Y aunque los vecinos tuvieron en él un fiel defensor de sus derechos, eventualmente su propia disposición y desempeño serían cuestionados, y las antiguas batallas y pleitos reverberarían produciendo otros nuevos.

---

[186] AGI, Santo Domingo, 544. ff.99-99v.

IX

Juicio de Residencia

Para el año 1588 Rodrigo Ortiz Vélez fue nombrado teniente de contador de la villa, y en el año 1593 fue una vez más alcalde ordinario. A medida que la defensa de la villa pasó de ser un esfuerzo puramente de armas a uno de artificios legales y destrezas políticas, su envolvimiento en los asuntos civiles y administrativos semejantemente tomaron prioridad, dejando a un lado los cargos militares. Y para finales de la década de los ochenta y principios de los noventa, los vecinos gozaron de una merecida paz en ausencia de asaltos por enemigos de España, indios caribes o gobernadores y oficiales excesivamente motivados por su propia autoridad. Pero en particular para Rodrigo, la calma fue relativamente corta, pues en los próximos años enfrentaría nuevos retos en ese ámbito legal y estaría al borde de un encarcelamiento prolongado.

Estos nuevos retos comenzaron plenamente en el año 1594, aunque más adelante tendremos que hacer referencias a eventos previos, el cuestionamiento a la ejecución de sus obligaciones partió desde allí, con la pronunciación en su contra por el juez Pedro de Castilla Cabeza de Vaca, quien fue despachado por la Real Audiencia de Santo Domingo para hacer averiguaciones y tomar cuentas a los oficiales de la Real Hacienda en la Isla. El juez aparenta haber sido incesante y ganó pronto reputación por la agresiva forma en que ejecutó sus encomiendas, y por haber decretado sentencias que fueron más favorables para él y sus oficiales que para la propia Hacienda.[187]

Rodrigo Ortiz Vélez: Orgullo

Bernardino Riberol de Castilla, el 15 de julio de 1594, habiendo sido despachado hasta la villa de San Germán por el juez Castilla Cabeza de Vaca, ordenó a Rodrigo en su posición como teniente de contador y a Pedro Méndez de los Ríos, teniente de tesorero, a presentar los libros, cajas y llaves, poder e instrucciones referentes a la Real Hacienda y finanzas de la villa.[188] Ante la petición, Rodrigo y Pedro Méndez dijeron no tener instrucciones ni poder más que el que le había sido otorgado por las autoridades de la Isla al momento de sus nombramientos. Además, tampoco tenían caja, ni llaves, para depositar y asegurar el dinero de la villa, y las cuentas —pocas que eran— se mantenían contabilizadas en una libreta pequeña de 12 folios que Rodrigo poseía y anotaba.

Insatisfecho con las contadurías y métodos que estos presentaron, y teniendo finalidad su término como teniente de contador, el juez Castilla Cabeza de Vaca tomó residencia a Rodrigo Ortiz Vélez, Pedro Méndez de los Ríos y cuestionó también las acciones de Pedro Hernández Camacho, antiguo teniente de contador de la villa, y ya difunto para la fecha. Los cargos fueron más extensos aún, ya que el juez también incluyó acusaciones por ellos no cobrar almojarifazgos y otros impuestos en el puerto que le eran debidos al rey, ni haber cumplido sus obligaciones en el mantenimiento de la Real Hacienda, fallando a su vez en honrar la ley. Así como haber tomado sin derecho, o sea robado, de la Real Hacienda. Adicionalmente, Rodrigo y Pedro Méndez fueron acusados de complicidad en abusar de su autoridad para beneficios propios y de sus parientes. Particularmente, en la venta de esclavos y en mercancías que fueron tomadas de un navío francés que

---

[187] Escribió el gobernador de Puerto Rico, Pedro Suárez, en 1595: «El dicho juez de comisión, don Pedro de Castilla, pretendió más cobrar los seis pesos de oro fino que trajo de salario cada día él y sus offiçiales, alguaçil y escrivano, y otras condenaçiones, que sobre las dichas cuentas y residençias que a los dichos offiçiales reales tomó por la dicha comisión que para ello trajo de la Real Audiençia de Santo Domingo, con la qual dejó destruydo medio pueblo, que no mandó entrar en la Real Caja como estava obligado» AGI, Santo Domingo, 155, R.12, N° 140. f.3v.

[188] AGI, Escribanía, 133B, Pieza 8. f.36.

incluyó: vinos, harinas, aceite y frutos secos.

Durante un plazo de 13 días en el mes de julio de 1594, en la villa de San Germán, 15 vecinos se presentaron a dar testimonio sobre lo preguntado respecto a los cargos y las acusaciones.[189] Las declaraciones de esos testigos formarían la base de las justificaciones del veredicto oficial al concluir el juicio.

Rodrigo Ortiz Vélez fue obligado a comparecer en la ciudad de San Juan donde fue encarcelado y oficialmente cuestionado entre los días 11 y 12 de agosto de 1594. Su testimonio en la defensa de su persona y su compañero fue muy revelador.[190]

Primeramente, a las acusaciones de no haber cumplido su deber como teniente de contador y sus faltas por no tener una caja con llaves para la Real Hacienda, Rodrigo respondió en su defensa declarando «que a más de treinta años que está en la dicha villa y nunca a bisto caxa ni llabes».[191] Él indicó hacer su labor como la hicieron sus antecesores. Cuando el juez reiteró la caja y llaves oficiales para el depósito de la Hacienda, y le fue preguntado por qué Rodrigo y el teniente de tesorero no habían obedecido el protocolo oficial para sacar los bienes de la caja, respondió diciendo que «ya tiene dicho este confesante que no tienen caxa y no abiéndola, ni oro, ni plata que meter en ella, no abido para qué haçer lo que se le pregunta».[192] Así como negó que él o su compañero habitualmente hubieran efectuado pagos con el dinero de la Hacienda sin cédulas o autorización.[193]

En cuanto a los almojarifazgos y mercancías del puerto, indicó que

---

[189] Los vecinos fueron: Diego de Figueroa (alcalde), Juan Sánchez Ortiz (declaró ser cuñado de Rodrigo), Sebastián Rodríguez Crespo, Alonso Ortiz Zambrano, Juan Rodríguez Maldonado (declaró ser compadre de Pedro Méndez), Antonio Mercado (declaró ser cuñado de Pedro Méndez y compadre de Rodrigo), Luis Báez (declaró ser compadre de Rodrigo), Alonso de Torres Maldonado, Marcos de Silva (declaró ser compadre de Pedro Méndez), Martín Rodríguez (declaró ser compadre de Pedro Méndez), Juan Rodríguez de Olivencia (declaró ser compadre de Pedro Méndez y de Rodrigo), Benito de la Cruz (declaró ser compadre de Pedro Méndez y de Rodrigo), Bartolomé de la Seda, Andrés Martín y Sebastián Pérez (declaró ser compadre de Pedro Méndez). AGI, Escribanía, 133B, Pieza 8. ff.40v-66v.

[190] Para un extracto de la deposición dada por Rodrigo Ortiz Vélez durante este interrogatorio, y las preguntas y respuestas presentadas: véase Apéndices, Documento n° 3.

[191] AGI, Escribanía, 133B, Pieza 8. f.67.

[192] Ibid., f.70.

[193] Ibid., ff.70-70v.

los impuestos no eran cobrados porque las mercancías no venían de afuera, y las que sí venían de afuera eran despachadas por los oficiales.[194]

Al ser preguntado por qué él y el teniente de tesorero no tenían ningún «libro de acuerdo» para documentar resoluciones de oficio entre ellos, Rodrigo respondió diciendo que «nunca an llegado a notiçia deste confesante que tenga obligaçión de tener libro de acuerdo, ni tal a oydo hasta oy».[195] Cuando fue preguntado por qué no tenía firmada cada partida de cargo en el libro oficial como contador y con la autorización del escribano y juez de la villa como era su obligación, dijo que es porque «no a sabido, ni enten[di]do, ni oydo tal cosa en su bida, y que lo que dicho tiene e declarado es la berdad».[196]

Preguntado sobre el deber e integridad de su cargo como oficial público y su consecuente prohibición de mercadear bienes, respondió diciendo que «en todos los días de su bida [él] a oydo lo que se le pregunta».[197] Negando haber mercadeado con bienes de la Hacienda del rey añadió, «antes e después que es teniente de contador en aquella villa enbía çiento o doçientos queros a Castilla e le buelben el rretorno en mercaderías para su casa», reiterando que los artículos que él vendía ocasionalmente en la villa eran de sus propios bienes.[198] Además, insistió que su comercio era completamente legítimo y entendía no haber violado ninguna ley, «por la dicha rrazón, porque si los supiera no tomara el ofiçio [de teniente de contador]».[199]

Sí reconoció y admitió faltas en su manejo de unos esclavos que llegaron al puerto de Guánica en el mes de abril de 1592 en el navío *Santo Antonio*, cuyo dueño y capitán era Simón Rodríguez Mantua.[200] Rodrigo y Pedro Méndez, «sin saber si lo podían haçer o no», infravaloraron y tomaron varios esclavos para su provecho.[201] Pero reiteró que los esclavos fueron devueltos luego de recibir una declaración de la Real Audiencia

---

[194] Ibid., f.68.
[195] Ibid., f.70.
[196] Ibid., f.73v.
[197] Ibid., f.69v.
[198] Ibid.
[199] Ibid.
[200] AGI, Escribanía, 133B, Pieza 4. ff.11,13-13v.
[201] AGI, Escribanía, 133B, Pieza 8. f.71v.

informándoles que sus acciones no eran legítimas.[202] Aun así, negó haber tomado comestibles de un navío francés.[203]

Tomando estos procedimientos judiciales en contexto, la actuación de Rodrigo durante el juicio fue atrevida. Aunque sus respuestas no hayan mostrado ofensas en la formalidad de los protocolos judiciales, revelan una cierta dureza de carácter, incluso, arrogancia. También se percibe algo de indignación, en particular con las repetidas preguntas que ponían en duda su compromiso o eficacia como teniente de contador de la villa. Mas tampoco aparentó haber temblado ante la autoridad del juez, ni haber suplicado por su perdón, pese a las acusaciones.

Luego del transcurso del juicio el juez declaró su sentencia el día 13 de agosto de 1594, liberando a Rodrigo de los cargos de la falta de contabilidad oficial en libros por separado, pero nombrándolo culpable en su falta de caja y llaves para el depósito del dinero y valores de la Real Hacienda de la villa, así como su falta de contabilidad detallada y firmas en los libros oficiales de las distintas gestiones de sus cargos, y la apropiación de mercancía no autorizada. Fue liberado pero multado y obligado a pagar 20 ducados y 40 000 maravedís «de buena moneda de Castilla».[204] En adición pagar unos 144 pesos de *oro fino*, equivalentes a seis pesos por cada día del transcurso del juicio que cubrirían los salarios del juez y sus oficiales.

Liberado, Rodrigo regresaría a la villa de San Germán. Y apenas transcurrido dos años desde el *Juicio de Residencia*, tendría que enfrentar uno más con renovadas intenciones en contra de su persona.

---

[202] AGI, Escribanía, 133B, Pieza 8. ff.71v-72. En adición, el maestre del mismo navío que llegó al puerto de Guánica en 1592, Baltazar Fernández, hizo desistimiento de unos diez esclavos, provenientes de Guinea, porque estaban en muy mal estado de salud (AGI, Escribanía, 133B, Pieza 3. ff.5-5v). Esos fueron vendidos en subasta pública en la villa de San Germán. Rodrigo compró tres de ellos: «una negra de mediana hedad» con un valor de 1100 reales, otra negra «de mediana hedad» por 2200 reales, y entregada a Antonio Mercado, su compadre, y una «negrita tuerta de entreambos ojos» de 15 o 16 años, por 1000 reales (AGI, Escribanía, 133B, Pieza 3. ff.8-8v, 11-11v.).
[203] Ibid., f.72v.
[204] Ibid., f.79v.

X

«El ombre más rrico» de la villa es encarcelado

Las necesidades de los residentes de la Isla llevaron a muchos a recurrir al contrabando para suplementar u obtener artículos que satisficieran sus carencias. El término *contrabando* fue muy liberalmente usado por las autoridades. En general, describía cualquier intercambio, compra u obtención de bienes que deshonraran los impuestos o burlaran los registros oficiales. Estas exigencias nutrían de ganancias a la Casa de Contratación de Sevilla y sus socios, pero en muchos casos dejaban desfavorecidos a los habitantes de las colonias en Indias que no siempre recibían la ayuda solicitada. Aun así, las autoridades coloniales no cesarían en enjuiciar a los acusados de contrabando, y usarían todos los poderes legales a su disposición.

Con tal motivo, el 7 de abril de 1595, en la ciudad de Santo Domingo, se leyó una carta y Real Provisión decretada por el rey en el mes de diciembre del año anterior, en la cual nombró y autorizó al licenciado Fernando de Valera a poner orden y castigar a los capitanes de navíos que hubieran ignorado los decretos oficiales de venta o entrega de mercancías. En adición, igualmente autorizó el castigo de los funcionarios de los distintos puertos que hubieran consentido a los capitanes en sus acciones ilícitas en la jurisdicción marítima del Caribe, que incluía: Jamaica, Cuba, La Española y Puerto Rico.[205] El licenciado Valera no demoró.

En el mes de mayo de 1595 el juez Juan Pérez de Salazar, actuando por órdenes y autoridad del licenciado Valera, señaló en San Germán a Rodrigo Ortiz Vélez como cómplice en actos de contrabando. Según Pérez de Salazar, a falta de depositario oficial, éste tenía en su poder mercancías que fueron tomadas de la isla de Mona y que le pertenecían al rey.[206]

Es inconclusa la razón exacta por la cual Rodrigo fue señalado. Sería posible que la influencia y riquezas de las que ya gozaba para la fecha lo hayan hecho un blanco fácil para nuevos oficiales autoritarios. O quizá fue más un intento retaliativo dirigido a los vecinos de la villa en general, y a Rodrigo en particular, por haber desafiado las directrices del gobierno de la ciudad de San Juan.[207] Cual haya sido la motivación, tras las acusaciones ese mismo día Rodrigo expresó su disposición a cooperar y cumplir con lo que se pidiese de él. Sin embargo, los procedimientos asociados con estas nuevas acusaciones languidecerían por más de un año hasta el mes de junio de 1596, cuando el licenciado Valera exigió que Rodrigo se presentara en San Juan con todos los bienes que habían sido tomados de la isla de Mona, y ordenó tomar preso a Alonso González, su yerno, por el papel que jugó en el asunto.[208]

Para entender los pormenores y la naturaleza de los cargos es necesario retroceder unos tres años, al 1593, y tomar nota con detenimiento de lo acontecido.

Contrabando de los indios de la isla de Mona

En el año de 1592 cerca de la isla de Mona, al oeste de Puerto Rico, se avistó un navío inglés. Al momento de su travesía por la zona el navío estaba «haziendo mucha agua», y los indios nativos y residentes de la Mona tripularon la embarcación y asistieron a los ingleses para evitar que su barco

---

[205] AGI, Escribanía, 133B, Pieza 8. ff.1-3v.
[206] Ibid., ff.16-16v.
[207] Fernando de Valera también presidió en el juicio en contra de Juan Rodríguez de Olivencia, y despachó sus oficiales para apresarlo y llevarlo hasta San Juan en el mes de junio de 1596 (AGI, Escribanía, 133B, Pieza 3. f.26).
[208] AGI, Escribanía, 133B, Pieza 8. f.17.

se hundiera.²⁰⁹ Por su ayuda, los ingleses le dieron en modo de gratitud varios artículos y prendas que tenían a bordo. Aunque los artículos no eran de necesidad para los indios, su carácter novedoso fue suficiente para ambas partes haberse sentido complacidas de un justo intercambio tributario.

Al año siguiente, en el mes de julio de 1593, dos navíos adicionales se presentaron nuevamente en la misma región, en esta ocasión uno tripulado por portugueses y el otro por franceses. Ninguno de esos estaba en necesidad de socorro, pero en el caso del navío francés los indios de la Mona aun así fueron hasta ellos y les ofrecieron alimentos (pescado, naranjas y casabe) a cambio de otras mercancías.²¹⁰

Más tarde ese mismo año, en el mes de octubre, los indios de la Mona, siendo amigables con los españoles, se desplazaron hasta la villa de San Germán y regalaron o intercambiaron algunas de las mercancías y prendas que habían previamente obtenido desde el año anterior. Siendo una villa tan pequeña y con recursos limitados, la aparición de las mercancías no fue desapercibida. Y un poco más de una semana más tarde, el 4 de noviembre de 1593, Alonso González, vecino de la villa, se presentó ante el escribano público y el alcalde, Rodrigo Ortiz Vélez, para presentar una denuncia de contrabando en contra de los indios. Según Alonso, los indios «con poco temor de Dios y del Rei, Nuestro Señor, an contratado con franseses en la dicha ysla de la Mona».²¹¹ Añadiendo que estos habían «quebrantado las leies de Su Magestad, por lo cual lo que contrataron es de contrabando y no el Rei, Nuestro Señor, a cobrado los derechos que le bienen».²¹²

Aunque la denuncia fue en contra de los indios de la Mona, implícitamente quedaban implicados algunos vecinos que aceptaron o intercambiaron con los indios en la villa. Alonso González, además, fue muy claro en que la razón de su denuncia era para cobrar una tercera parte de las mercancías contrabandeadas como parte de una ordenanza que cedía esa porción de bienes confiscados a los denunciantes, a modo de incentivo. Esta «denunciación no la hago de malicia, sino por alcansar justisia», añadió Alonso.²¹³

---

²⁰⁹ Ibid., f.8.
²¹⁰ Ibid., ff.6-6v.
²¹¹ Ibid., f.4.
²¹² Ibid.
²¹³ Ibid.

Entre los días 4 y 5 de noviembre, Alonso González presentó como testigos del contrabando a Juan López de Aliseda, Gonzalo García y Juan Rodríguez Camacho, de los cuales Rodrigo tomó declaraciones. Satisfecho con la veracidad de la denuncia, Rodrigo le pidió a los indios nombrados y responsables por las mercancías a comparecer ante él. Rodrigo Lucero, Baltazar Ramírez, Diego Ramírez, Mateo Rodríguez y Francisco Ramírez, todos indios naturales de la isla de Mona, presentaron sus declaraciones y relataron cómo las mercancías habían llegado a su poder y sus tratos con los otros extranjeros europeos.[214] Entre los días 7 y 8 de noviembre de 1593, Rodrigo envió a Juan de Heredia, alguacil de la villa, y a Francisco Rosado, escribano, a buscar y confiscar las mercancías que fueron cedidas por los indios.[215]

Rodrigo como alcalde ordinario era responsable de los asuntos judiciales de la villa, sin embargo, no aparenta haber sido excesivo en sus sentencias. Su declaración de castigo a los indios de la isla de Mona no fue más que una amonestación y exigencia de cumplir con las leyes de España por vivir ellos en su jurisdicción:

> «a los dichos yndios no les haze condenaçión de otra cossa atento ser proves [sic por pobres], mas de que les manda que de oy en adelante no traten y contraten con navío ynglés, ni francés, ni le den de comer ni favor y ayuda ni vayan a los dichos navíos de los dichos yngleses y franceses, so las penas contenidas por leyes destos rreynos»[216]

Ese mismo día, el 8 de noviembre, Alonso de Torres Maldonado, regidor de la villa, fue asignado como representante imparcial y tomó juramento para llevar a cabo la división de las mercancías en tres partes iguales: una para el rey, otra para el gobierno de la villa y la última para Alonso González, como denunciante.

Ciertos artículos entre las mercancías, por su naturaleza o por su cantidad, no pudieron ser divididos en tercios, y pasaron a ser vendidos en almoneda (subasta pública) junto con la tercera parte que le fue otorgada al rey. La almoneda se llevó a cabo el 14 de noviembre de 1593 en la plaza

---

[214] Ibid., ff.6-9.
[215] Ibid., ff.10v-12.
[216] Ibid., f.12v.

pública de la villa en presencia del Cabildo, el alcalde, el escribano, y con la asistencia de Sebastián Martín, pregonero de la villa.[217] Sólo quedaron varios artículos que sobraron por no haber quien los comprara al precio estipulado, y pasaron a manos de Rodrigo Ortiz Vélez para que él, además de alcalde también contador de la villa, los custodiara.

Cuadro 1: Venta en almoneda de mercancías confiscadas a los indios de la isla de Mona en la villa de San Germán el 14 de noviembre de 1593.

Nombre del Comprador	Mercancías	Valor (reales)
Luis Castán Sambrano, alcalde de la Santa Hermandad	*Un bonete colorado viejo.*	10
	Un sombrero de palma aforrado en tafetán negro.	24
Alonso Maldonado, regidor	*Un sombrero de palma aforrado en tafetán negro.*	22
Juan Rodríguez de Olivencia	*Seis onzas de pimienta.*	24
Sebastián Martín, pregonero	*Una camisa de lienzo.*	45
	Unos calzones de lienzo.	25
Francisco de Ortega	*Un sombrero viejo de fieltro.*	25
Francisco Correa	*Cinco varas de lienzo blanco de algodón.*	70
Juan López de Aliseda	*Un pedazo de anascote de tres varas y tercias.*	70
María Rodríguez, viuda	*Dos varas de lienzo crudo.*	30
Pedro Méndez de los Ríos	*Cuatro varas y media de tafetán negro.*	159, más 24 maravedís
Antón Rodríguez Borrero	*Una daga.*	21

---

[217] Ibid., f.15.

Francisco Rosado	Un jubón de lienzo.	16
	Un agnusdéi de cuerno y una sortija de cuerno con su piedra verde.	4
	Un espejo chiquito redondo.	2
Miguel Sánchez de Angulo	Tres varas de bengala.	30
Marcos de Silva	Once varas y una octava de lienzo.	167, menos 4 maravedís
Julián Ortiz	Un jubón de lienzo blanco, viejo.	9
Juan de Heredia	Una vara y tres cuartos de bengala.	22
	Una vara y media de bengala.	31 ½
Manuel [...]	Un rosario de azabache.	35
Juan Ruiz	Dos varas de lienzo de algodón.	30

Fuente: AGI, Escribanía, 133B, Pieza 8. ff.15-16.

Los procedimientos legales referentes a los asuntos de la denuncia concluyeron oficialmente ese día con la culminación de la subasta en el mes de noviembre de 1593. No fue hasta la aparición del licenciado Varela, como juez encargado de castigar instancias de contrabando marítimo, que el caso fue revaluado.

Juicio y Proceso de 1596

Las indagaciones comenzaron el 16 de mayo de 1595, con la declaración de Juan Pérez de Salazar, juez de comisión nombrado por el propio licenciado Fernando de Varela. El juez Pérez de Salazar ordenó que se presentaran las mercancías y todo el dinero asociado por la venta de éstas. Acusando a Rodrigo de expropiación de bienes confiscados declaró:

«por quanto en poder de rrodrigo Ortiz, alcalde ordinario desta dicha villa, y de otras personas, están çiertos vienes proçedidos de çiertas mercedes que se trujeron de la Mona los quales perteneçen al rrey, Nuestro Señor»[218]

Aparte, declaró de forma insinuante que «el dicho rrodrigo Ortiz es el ombre más rrico e abonado que ay en esta dicha villa», poniendo a su vez en duda su imparcialidad como juez.[219] Añadiendo y ordenando:

> «atento a lo qual mandaba e mandó a mí, el presente escribano, notifique al dicho rrodrigo Ortiz tenga en su poder todos los dichos vienes, y lo proçedido de lo que dellos se an bendidos, e no acuda con ello a persona alguna sin licencia y mandado del dicho juez, so pena haçiendo lo contrario lo pagará de sus propios bienes»[220]

El mismo día, Rodrigo fue notificado de la orden y se expresó dispuesto a cooperar con el juez Pérez de Salazar, aunque reiteró que él sólo tenía posesión de la tercera parte que se le adjudicó.[221] Sin embargo, tras demorar unos 13 meses, fue entonces el día 3 de junio de 1596 que el licenciado Varela tomaría acción sobre el asunto, despachando a Sebastián Fajardo hasta la villa de San Germán, dándole órdenes de ir y «prended el cuerpo a Alonso Gonçález» y luego hacerlo llegar hasta la ciudad de San Juan para ser enjuiciado.[222] El día 20 de junio de 1596, Sebastián Fajardo ejecutó sus órdenes y tomó a Alonso González preso.

Dos días después, el 22 de junio de 1596, Sebastián Fajardo visitó la casa de Alonso González en busca de otras posibles mercancías de contrabando. Su esposa, Isabel González —hija de Rodrigo Ortiz Vélez— fue entrevistada bajo juramento por los oficiales y su casa rebuscada. En presencia de estos y de Bartolomé García, Juan Lorenzo, Juan González el mozo y Juan Sánchez Ortiz, como vecinos testigos, nada más de contrabando fue hallado.[223]

Aunque Rodrigo por su parte no fue tomado preso inmediatamente, sí fue notificado de las órdenes del licenciado Varela y ordenado a entregar todo el dinero y artículos, en plazo de ocho días, y disponerse a ir hasta la

---

[218] Ibid., f.16.
[219] Ibid.
[220] Ibid., ff.16-16v.
[221] Ibid., f.16v.
[222] Ibid., f.18.
[223] Ibid., ff.20-20v.

ciudad de San Juan para ser encausado.[224] Luego de concluir las búsquedas entre los bienes de Alonso González en la villa por parte de los oficiales del licenciado, Rodrigo y Alonso fueron llevados y encarcelados en la ciudad de San Juan y sometidos a juicio e interrogatorio.

Los procedimientos comenzaron con Alonso el día 11 de julio de 1596. Éste dijo, como indicó desde el principio, que el propósito de su denuncia fue obtener una tercera parte de las mercancías contrabandeadas como denunciante. Además, las mercancías que obtuvo no fueron vendidas ni usadas para fines lucrativos, sino todo fue para provecho doméstico, «tengo muger e familia», declaró Alonso.[225] Dos días después, el 13 de julio, el susodicho presentó a cuatro vecinos de San Germán como testigos a su favor que corroboraron sus declaraciones previas.[226] En el transcurso de esos eventos, Alonso fue liberado condicionalmente con órdenes de no abandonar la ciudad de San Juan hasta la resolución absoluta de los procedimientos judiciales: «en tal manera que tendrá esta çiudad por cárçel y della no se irá ni ausentará en manera alguna, y si se fuerese pagará lo que contra él fuere juzgado y sentenciado por la causa de su prisión».[227]

En cuanto a Rodrigo, su juicio comenzó oficialmente el 15 de julio de 1596, con el nombramiento de Diego Parrado, procurador de causas, y Juan González de la Cruz como sus representantes legales, debido a que Rodrigo permanecería «preso en la Fortaleza» de San Juan durante todo el transcurso de su juicio.[228] Actuando a través del procurador Parrado, Rodrigo solicitó un total de 35 días para poder hacer llegar todos los testigos a su favor desde San Germán hasta San Juan.

Simultáneamente, mientras Rodrigo esperaba por allegados para testificar, uno de ellos, su compadre, Juan Rodríguez de Olivencia, hizo petición para que Rodrigo testificara a su favor, ya que él también había sido obligado a ir a la ciudad de San Juan para su propio juicio ante el licenciado Varela. El 21 de julio de 1596, Rodrigo dio su testimonio a favor de su

---

[224] Ibid., f.19.
[225] Ibid., f.24v.
[226] Los testigos vecinos de San Germán fueron: Juan de la Cruz (declaró ser primo hermano de Alonso), Diego González (distinto del homónimo de la *Probanza de Méritos* de Rodrigo, y también declaró ser primo hermano de Alonso), Juan Rodríguez de Olivencia y Antonio Rodríguez Borrero (declaró ser cuñado de la esposa de Alonso). AGI, Escribanía, 133B, Pieza 8. ff.26-29.
[227] AGI, Escribanía, 133B, Pieza 8. f.22.
[228] Ibid., f.30.

compadre.[229]

Trece días más tarde se le dio comienzo al interrogatorio de Rodrigo, el 3 de agosto de 1596. Al igual que su juicio previo ante el juez Pedro de Castilla Cabeza de Vaca, Rodrigo se presentó en todo momento con aparente firmeza y compostura. Aunque se percibe que no estuvo complacido con las justificaciones del juicio, no se reveló intimidado ni desarmado por las acusaciones en su contra.

Esas acusaciones fueron principalmente: la posesión de mercancías de contrabando, haberse lucrado personalmente con el dinero que se obtuvo de la almoneda y haber permitido la venta de las mercancías por debajo de los costos justos.

En todo momento negó haber causado daños o perjuicios al rey, o haber actuado fuera de los parámetros de la ley. Sobre las acusaciones de apropiación de mercancías, Rodrigo declaró que la razón por la cual las mercancías fueron divididas fue por éstas haber llegado ante él «sin registro ni despacho» por haber estado en manos de los indios de la isla de Mona.[230] Además, declaró que la venta en almoneda fue hecha en público y gran parte de las mercancías fueron vendidas por encima de los precios justos ya que hubo mucha demanda, negando que el rey no hubiera obtenido un valor adecuado en su tercia porción de las ganancias.[231]

En cuanto a las acusaciones de haber tomado artículos de la almoneda que terminaron en su posesión, Rodrigo aseguró que «no se provará ni averiguará que yo, ni otro por mí, sacase cosa alguna de la dicha almoneda», reiterando que los artículos aún estaban en su poder porque el juez Pedro de Castilla Cabeza de Vaca no los quiso aceptar y tomar a su cargo luego de la visita y evaluación de la Caja Real en el 1594.[232] Añadiendo además con rectitud que él ya había sido sometido a juicio y multado por el juez Castilla Cabeza de Vaca, mas sin haber encontrado faltas en su manejo de la almoneda. «Y siendo como es así», declaró Rodrigo, «conforme a derecho, no puedo ser convencido, ni se me puede hazer cargo en dos tribunales por una misma cosa».[233] Pidiéndole además al escribano que incluyera como evidencia copia de los procedimientos de ese juicio de

---

[229] AGI, Escribanía, 133B, Pieza 3. ff. 34-35. Véase Apéndices, Documento n° 4.
[230] AGI, Escribanía, 133B, Pieza 8. f. 35.
[231] Ibid.
[232] Ibid., f. 35v.
[233] Ibid.

residencia anterior en 1594, también en San Juan, con los registros oficiales del juicio presente al cual estaba siendo sometido.

Entre los días 3 y 14 de agosto Rodrigo presentó un total de tres testigos a su favor, los cuales dieron testimonio de una almoneda sin fraude y del rechazo por parte del juez Castilla Cabeza de Vaca a hacerse responsable de los artículos que sobraron de la misma, y esos haber terminado siendo custodiados por Rodrigo.[234] Luego del tercer testigo, sin explicación o más registros, los procedimientos judiciales aparentan haber sido demorados o ignorados —puede que intencionalmente o no— hasta finales del mes de diciembre cuando el juez presentó su veredicto. Al final el licenciado Fernando de Valera no encontró faltas en las acciones de Rodrigo, ni pudo someterlo a nuevos castigos más allá de las multas que el juez Pedro de Castilla Cabeza de Vaca había sentenciado. De modo que luego de más de cinco meses de encarcelamiento, el día 30 de diciembre de 1596, Rodrigo fue absuelto de todos los cargos y liberado. Decretó el juez: «Fallo que devo de absolver, y absuelvo, y doy por libre, al dicho rrodrigo Hortiz Bélez de la ynstancia de este juicio, atento a los descargos por él fechos»[235]

Ya a sus 56 años, Rodrigo Ortiz Vélez, reivindicado y triunfante, pero seguramente agotado, regresó a su villa y a su familia en San Germán.

---

[234] Los vecinos de San Germán y testigos a su favor fueron: Juan López de Aliseda (distinto del homónimo de la *Probanza de Méritos* de Rodrigo), Pedro de Gerena y Ambrosio Sánchez Jusino. AGI, Escribanía, 133B, Pieza 8. ff.83-85. Véase Apéndices, Documento nº 5.
[235] Ibid., f.86.

XI

Tiempo para vivir.
Tiempo para morir.

    La retirada de Rodrigo Ortiz Vélez de su participación en los cargos concejiles a partir del año 1597 parece evidente, principalmente, por la ausencia de su nombre entre la documentación pertinente a los asuntos administrativos y militares de la villa. En adición, la *Probanza de Méritos* de su bisnieto, Juan (II) Ortiz Vélez Borrero, en 1683, nombró a todos sus parientes que ejercieron cargos de gobernación en el siglo XVII, llegando hasta los bisabuelos, y Rodrigo no fue mencionado a pesar de su evidente distinción y el hecho que su bisnieto aún portaba los apellidos ORTIZ VÉLEZ.[236] En conjunto, esto conduce hasta la conclusión de que a partir de 1600 Rodrigo Ortiz Vélez no ejerció ni fue electo a más ningún otro oficio civil.

    Sin embargo, es meritorio reiterar que su desempeño en el Cabildo de San Germán durante su período activo incluyó participación en todos los oficios principales de gobernación. Rodrigo declaró haber ocupado los cargos de: «teniente de gobernador, alcalde ordinario y regidor y teniente de tesorero [sic] en la dicha villa» durante el tiempo que vivió en ella –más

---

[236] AGI, Indiferente, 130, N° 63. ff.19v-20v.

se le debe sumar procurador general–.²³⁷ Además, aun en 1596 sin haber estado oficialmente portando un cargo en el Cabildo, declaró ser «persona que ha visto, y be, todos los papeles que [traen] a el pueblo».²³⁸ O sea, su envolvimiento en las gestiones de administración de la villa no aparenta haber estado limitado a tareas particulares, sino una gama de funciones que le permitieron una actuación continua.

Con todo, su retirada de los asuntos de gobernación no parece haber sido perjudicial o desfavorable para él o su familia. Su hijo Francisco Vélez, por ejemplo, ya para principios del siglo XVII, fue electo como regidor en el Cabildo de la villa.²³⁹ Y su otro yerno, Antonio Rodríguez Borrero, similarmente fue elegido como alcalde de la Santa Hermandad, y alcalde ordinario para finales del siglo XVI y principios del XVII, respectivamente.²⁴⁰ Siguiendo fielmente el orden generacional predestinado, la siguiente generación comenzó a tomar las riendas en los asuntos civiles de la villa usando los modelos establecidos por sus antecesores. En ese contexto la jubilación de Rodrigo no fue inesperada y se podría decir, incluso, que fue merecida.

Rodrigo, además, permaneció activo en asuntos personales y gestiones comerciales que aparentan haber sido muy lucrativas. El 21 de mayo de 1601, en Almendralejo, se efectuaron unas escrituras de censo²⁴¹ en las cuales Rodrigo fue el beneficiario principal, siendo los réditos pagados todos los años en el mes de julio.²⁴² Se desconoce la cantidad exacta, pero

---

[237] AGI, Escribanía, 133B, Pieza 3. f.35. Entre los cargos mencionados, no contamos con los años exactos en los que Rodrigo ejerció como teniente de gobernador o regidor. No obstante, en su *Probanza* (1577), y su respectiva carta de presentación (1579), sólo se mencionan los cargos de procurador y alcalde, por lo cual parece indicar que sus cargos como teniente de gobernador y regidor habrán sido ostentados a partir de 1580.
[238] Ibid.
[239] AGI, Escribanía, 9A, Nº 1, Pieza 1. f.197v
[240] AGI, Santo Domingo, 56, R.8, Nº 64b. f.6v; AGI, Indiferente, 130, Nº 63. f.19v.
[241] Los *censos* fueron contratos o acuerdos legales los cuales estipulaban términos para el préstamo de dinero, y los pagos anuales (réditos) podían ser en moneda u otros bienes (como cereales).
[242] AMA, Protocolos Notariales, Escribano Pú^{co} Rodrigo Sánchez, 31-VIII-1612. f.374. En el caso de los censos de Rodrigo, los réditos eran pagados «a razón de a catorze el millar» (Ibid.), equivalente a una tasa de interés de siete por ciento (véanse Apéndices, Documentos nº 7 y nº 8). En adición, entre los descendientes de Gonzalo Ortiz Vélez en Almendralejo también se vio el uso de censos en el manejo de bienes inmuebles (Zarandieta Arenas, *Almendralejo en los siglos XVI y XVII*, p. 709).

tuvo al menos 13 escrituras de censo que serían eventualmente reclamadas por su familia en San Germán.

En adición de los bienes en Almendralejo, Rodrigo mantuvo desde al menos las últimas dos décadas del siglo XVI una empresa comercial de exportación de pieles: de «ciento a doçientos queros» declaró enviar a España cada año a cambio de otras mercancías que él obtenía para el uso de su hacienda y familia.[243] Las mercancías que recibía en exceso eran vendidas a otros vecinos o, en el caso de los más pobres, intercambiadas por otros artículos o por ganado.

Parte de esas gestiones comerciales transatlánticas quedaron grabadas en los registros de navíos partiendo desde Sevilla hacia Puerto Rico. Aunque los registros estudiados posiblemente no revelen la totalidad de las transacciones efectuadas, vemos consistencia y regularidad en las entregas de las mercancías a partir de finales del siglo XVI y justo a principios del XVII. Rodrigo recibió una cantidad variable, pero considerable, de mercancías y bienes, en reafirmación de los datos que sugieren que su reducción en las actividades civiles fue contrarrestada proporcionalmente con sus actividades comerciales.

Figuran prominentemente entre las mercancías las prendas de vestir (sombreros, botas, medias, calzones), telas (lino, lana), especias (canela, comino, pimienta, clavo, matalahúva), además de otros artículos misceláneos como: cera, cuchillos, artefactos ecuestres, talabartes y resmas de papel, entre otros.[244]

---

[243] AGI, Escribanía, 133B, Pieza 8. f.69v.
[244] Para una muestra parcial de mercancías enviadas a Rodrigo Ortiz Vélez a San Germán desde Sevilla en varios navíos: véase Apéndices, Documento n° 11.

Cuadro 2: Mercancías cargadas en navíos partiendo de Sevilla con destino a Puerto Rico para ser entregadas a Rodrigo Ortiz Vélez. Años 1592-1607.

Año	Navío	Almojarifazgo (maravedís)	Cargador
1592	Nuestra Señora de la Concepción[245]	16 655	Lorenzo de Vallejo
1594	Nuestra Señora de la Concepción[246]	8 348	Gerónimo de Velasco
1594	Nuestra Señora de la Concepción[247]	103 214	Rodrigo Franquiz
1596	Nuestra Señora de la Concepción[248]	21 184	Rodrigo Franquiz
1598	San Pedro[249]	187 615	Gerónimo de Velasco
1600	Santa Ana[250]	2 329	Gerónimo de Velasco
1603	Nuestra Señora de la Concepción[251]	1 360	Gerónimo de Velasco
1604	Nuestra Señora de la Concepción[252]	3 240	Gerónimo de Velasco
1605	Nuestra Señora de la Encarnación[253]	46 901	Gerónimo de Velasco
1607	Nuestra Señora de la Esperanza[254]	30 920	Gerónimo de Velasco

---

[245] AGI, Contratación, 1455, N° 1. f.22. Las mercancías cargadas en este navío fueron «por quenta de los quarenta y nueve queros» que previamente había enviado a España el contador Diego Rodríguez de Castellanos en nombre de Rodrigo Ortiz Vélez (Ibid.).
[246] AGI, Contratación, 1109, N° 3, R.2. f.4.
[247] AGI, Contratación, 1109, N° 3, R.3. f.19.
[248] AGI, Contratación, 1117, N° 11. f.49.
[249] AGI, Contratación, 1130, N° 8. f.38.
[250] AGI, Contratación, 1134, N° 8. f.38.
[251] AGI, Contratación, 1142, N° 8. f.40.
[252] AGI, Contratación, 1144A, N° 1, R.6. f.58v.
[253] AGI, Contratación, 1147A, N° 5. f.31.
[254] AGI, Contratación, 1150, N° 2. f.89v.

Las entregas de las mercancías a su nombre llegan hasta el año 1607, y a principios de 1609 Constanza Ortiz otorgó su poder y autoridad a su hijo, Juan Lorenzo Vélez, para manejar los bienes inmuebles de Rodrigo que quedaron en Almendralejo luego de su fallecimiento. Declaró Constanza el 2 de enero de 1609 en su carta de poder:

> «Sea notorio a los que la presente vieren, cómo yo, **Constanza Ortiz**, biuda de **Rodrigo Ortiz**, vezina desta villa de Sant Jermán que está en esta ysla de Sant Jermán [sic por Juan] y de Puerto Rico de las Yndias del Mar Oçéano, otorgo e conozco que doy e otorgo poder cumplido, libre, llenero, bastante, sigún que yo le tengo e de derecho más puede e deve valer a vos, **Juan Lorenço Vélez**, mi hijo e vezino de esta dicha villa»[255]

Sin poder precisar la fecha exacta de su defunción, pero tomando en cuenta el período del envío de las últimas mercancías en 1607, y un lapso apropiado para el luto de la familia, se puede aproximar el 1608 como el año más probable del fallecimiento de Rodrigo Ortiz Vélez en la villa de San Germán, aproximadamente a sus 68 años de edad.[256] Su viuda eventualmente fundaría capellanía perpetua para misas anuales en favor de su alma.[257]

El legado que dejó para su familia fue evidente. Mas tampoco debe ser ignorado el estado de todo lo material e inmaterial en la villa al momento de su partida en comparación con el de su llegada. Para el 1607 eran estimados unos 100 vecinos viviendo en la villa de San Germán;[258] más del doble de la cantidad de vecinos estimada para el 1581, y casi el triple de los que había en 1548. No es posible cuantificar el bienestar de los vecinos en

---

[255] AMA, Protocolos Notariales, Escribano Pú^{co} Rodrigo Sánchez, 6-VIII-1612. f.339. Véase Apéndices, Documento nº 6.

[256] La muerte de Rodrigo en la villa de San Germán, y no fuera de ella, fue confirmada por su hijo: «Rodrigo Ortiz Vélez, mi padre difunto, de quien fuimos erederos, como de la dicha partición consta que pasó e se hizo en la dicha villa de Sant Jermán, a donde murió el dicho mi padre» AMA, Protocolos Notariales, Escribano Pú^{co} Rodrigo Sánchez, 6-VIII-1612. f.343.

[257] AGI, Escribanía, 9A, Nº 1, Pieza 1. f.198. Constanza Ortiz, por su parte, estimamos que falleció para el año 1620. En su testamento cerrado, otorgado el 22 de febrero de 1620 en San Germán, declaró estar «enferma del cuerpo y sana de mi voluntad» (Ibid., f.197v.).

[258] AGI, Santo Domingo, 170. f.195.

términos absolutos, pero la ausencia de ataques fue indiscutiblemente favorable para la actividad económica y el crecimiento poblacional de la región, y usando la vida de Rodrigo como referencia se revelan elementos de la carga humana en los extremos de ese período de cambio.

De sus 68 años de vida, 46 de ellos fueron vividos en San Germán. Y de esos, a su vez, unos estimados 34 estuvieron llenos de ataques, amenazas y aprisionamientos. Sin embargo, fue en esos precarios eventos que su legado verdaderamente ganó valor, pues haber tenido en sus manos desenlaces de vida o muerte —los de otros y los suyos— lo habrá hecho actuar con toda la destreza y maña que le fuera posible. Los accidentes o circunstancias fuera de nuestro control no definen las virtudes de una persona, sino son las acciones que se toman en respuesta a lo inesperado o en busca de lo deseado. Y sus acciones, ya hayan sido en defensa física de la villa, o de su autonomía, probaron ser determinantes en múltiples momentos cruciales. El hombre arrogante y orgulloso que se vio enjuiciado en 1594 y 1596 fue el mismo que precisamente aparenta haber sido capaz, o necesario, para iniciar y hacer progresar hasta su fin los actos de desafío de autoridad que pusieron en marcha los vecinos al momento de la mudanza de la villa. Aunque no es posible hacer un relato paralelo real de cómo hubiera sido la situación para la villa de San Germán si nunca hubiese sido mudada, o la mudanza demorada, la participación de Rodrigo aparenta haber sido de suma importancia para haber podido cumplirse la mudanza en el momento que se efectuó, pues poseyó él las motivaciones, los recursos y las virtudes para ejecutar una tarea de esa índole y magnitud.

Ciertamente, la villa de San Germán no fue una villa compuesta por un solo hombre, pero los frutos de las semillas que él sembró en ella alimentarían su carácter colectivo, nutriéndolo posiblemente con su propia fortaleza y desafío, y quedando así defendidos los derechos y fueros de la villa en las crónicas de su historia.

Imagen 4: Firma y rúbrica de Rodrigo Ortiz Vélez. San Germán, Puerto Rico (1593).[259]

Imagen 5: Firma y rúbrica de Rodrigo Ortiz Vélez. San Juan, Puerto Rico (1596).[260]

---

[259] AGI, Escribanía, 133B, Pieza 8. f.8v.
[260] Ibid., f.81.

Imagen 6: Placa conmemorativa de Rodrigo Ortiz Vélez en la Plazuela San Germán Fundadora de Pueblos. San Germán, Puerto Rico (2021).

DESCENDIENTES

Descendientes de Rodrigo Ortiz Vélez y Constanza Ortiz

Los estudios genealógicos del siglo XVI y XVII en Puerto Rico representan un reto particular para los investigadores, y los descendientes de Rodrigo y Constanza no son excepción. La Isla no cuenta con registros sacramentales antes del siglo XVIII, siendo la única excepción la ciudad de San Juan, y aun allí los registros sufren de discontinuidades evidentes. En el caso de San Germán, los registros sacramentales comienzan a mediados del siglo XVIII, y no todas las series comienzan en el mismo año.

Lo que resulta de esto es la necesidad de recurrir a documentos alternos que hayan sido redactados, y que traten de los asuntos, anteriores al siglo XVIII en la Isla. La dependencia de probanzas, juicios, méritos de servicios, etc., entonces crea una serie de nuevos problemas para los investigadores porque la información que revelan para propósitos genealógicos es presentada en función de las necesidades particulares de los eventos documentados. Es decir, que cuando se revela algo de información, en muchos casos no tenemos el contexto genealógico necesario para interpretar toda la información correctamente, además de las propias lagunas que esos otros documentos también puedan dejar y que obstruyen las conexiones genealógicas.

Para propósitos del estudio de los descendientes de Rodrigo en San Germán, disponemos de información fiable para la primera generación y parte de la segunda, aunque no en todas sus líneas de descendencia. A partir de allí la documentación escasea, imposibilitando establecer con certeza absoluta los parentescos. Por eso hemos deseado presentar en esta sección únicamente los descendientes con validación documental.

Hijos de **Rodrigo Ortiz Vélez** y **Constanza Ortiz** fueron:[261]
  i. El párvulo
  ii. Juan Lorenzo Vélez
  iii. Juana Martín Vélez
  iv. Isabel González
  v. Francisco Vélez

Párvulo

El nombre del niño se desconoce. Murió entre domingo, 23 de noviembre, y viernes, 28 de noviembre de 1567, en el transcurso del ataque y secuestro de los habitantes de la villa de San Germán y del puerto de Guadianilla por indios caribes.

Juan Lorenzo Vélez

Bautizado con el mismo nombre de pila que su abuelo paterno, Juan Lorenzo aparenta haber desempeñado un papel limitado en los asuntos de la villa, aunque no totalmente ausente. Juan Lorenzo Vélez es muy posible que haya sido el mismo «Juan Lorenço» que representó a los vecinos de San Germán en el año de 1598 cuando se leyó una Real Provisión a su favor, y decretada en 1587 por la Real Audiencia de Santo Domingo, prohibiéndole al gobernador Diego Menéndez de Valdés molestar o sacar a los vecinos de su jurisdicción sin justificación.[262]

En 1606 aparece como el cargador y recibidor de mercancías enviadas desde Sevilla a San Juan en el navío *Nuestra Señora de la Concepción*, posiblemente en gestiones comerciales similares a las de su padre.[263] Quizá por esta predisposición, o por su posible posición como primogénito, luego de la muerte de Rodrigo, Juan Lorenzo aparenta haber asumido responsabilidades mayores y más centrales en los asuntos de la familia, ya que fue él el hijo autorizado para manejar los bienes heredados de Rodrigo que quedaron en la villa de Almendralejo.

El día 2 de enero de 1609 Constanza Ortiz se presentó ante el escribano de la villa de San Germán, Pedro de Tasuguera, y redactó una carta y juro de poder otorgado a su hijo, Juan Lorenzo Vélez, y a Francisco Pérez,

---

[261] El orden exacto y las fechas de nacimiento de sus hijos se desconocen.
[262] AGI, Santo Domingo, 56, R.8, N° 64b. f.6v.
[263] AGI, Contratación, 1149, N° 1, R.9. ff.26, 31.

vecino de Almendralejo.[264] El propósito de la carta fue explícito: Constanza cedió su poder a Juan Lorenzo para que fuera él quien viajara hasta Almendralejo y vendiese y cobrara los réditos que se le debían a ella por las escrituras de censo que heredó en la repartición de bienes.

Tres años más tarde, en 1612, Juan Lorenzo Vélez emprendió su viaje hasta España, en la primavera o comienzos del verano de ese año, hasta llegar finalmente a la villa natal de su padre. El día 5 de agosto de 1612 se presentó ante el escribano público, Rodrigo Sánchez, y haciendo uso de la autoridad concedida por su madre, vendió las escrituras de censo que le pertenecían a ella, valoradas en 140 ducados, al Convento de la Concepción de Almendralejo.[265]

Semanas más tarde, el 31 de agosto, Juan Lorenzo regresó ante el escribano y vendió entonces las escrituras de censo que le pertenecían a él, heredadas, como las de su madre, luego de la repartición de bienes entre sus hermanos. Éstas fueron vendidas al licenciado Juan Ortiz, cura de la villa de Aceuchal, Badajoz, y valoradas en 102 000 maravedís.[266]

No sabemos qué ocurrió exactamente a partir del mes de septiembre hasta la primavera del año siguiente, pero Juan Lorenzo Vélez no regresó a su familia, ni a la villa de San Germán. El registro del navío *Nuestra Señora de la Hiniesta* partiendo de Sevilla en 1613 con destino a la ciudad de San Juan lee:

> «Registro Gerónimo de Belasco, como albaçea de Juan Lorenço Véles, difunto, vezino de San Jermán en la ysla de Puerto rrico, que tiene cargado en el dicho navío, que Dios salbe y guarde, nonbrado Nuestra Señora de la Yniesta, maestre Melchor Pérez Çerracto, que este presente año va a la ysla y puerto de San Juan de Puerto rrico en conserba de la flota que va a la provinçia de Nueva España, [del] general don Antonio de Oquendo, las mercadurías que abaxo irán declaradas, que son quedaron por fin y muerte del dicho Juan Lorenzo Véles, para las dar y entregar en la dicha çiudad y puerto de San Juan de Puerto rrico al dicho Melchor Pérez Çerracto, ansí mismo albaçea del dicho Juan

---

[264] AMA, Protocolos Notariales, Escribano Pú^{co} Rodrigo Sánchez, 6-VIII-1612. f. 339.
[265] Ibid., f. 343.
[266] AMA, Protocolos Notariales, Escribano Pú^{co} Rodrigo Sánchez, 31-VIII-1612. f. 374.

Lorenzo Béles, para que las entregue a ~~Ana Béles s~~[267] la muger y madre del dicho Juan Lorenzo Béles y erederos ligítimos que les pertenescan. Las quales ban marcadas de la marca de afuera y por quenta y rriesgo del dicho Juan Lorenzo Véles, difunto, y de las personas a quien les pertenesiere, como sus herederos, son las siguientes»[268]

La identidad de su viuda se desconoce, así como hijos que pudiera haber dejado en ella.[269]

Imagen 7: *Firma y rúbrica de Juan Lorenzo Vélez. Almendralejo, España (1612).*[270]

---

[267] «Ana Béles s» aparece tachado en el documento original.
[268] AGI, Contratación, 1160, N° 2. f.36. Las mercancías cargadas a su nombre en el navío fueron abundantes, con un almojarifazgo registrado de 389 934 maravedís.
[269] Curiosamente, en el registro del navío *Nuestra Señora de la Hiniesta*, el mismo en el cual estuvieron cargadas las mercancías que quedaron en Sevilla luego de la muerte de Juan Lorenzo Vélez, aparece viajando un joven paje también llamado «Juan Lorenço». Según la información del registro, ese Juan Lorenzo, de «ojos grandes, espigado», era de edad de 15 años, natural de Puerto Rico y su padre también se llamó Juan Lorenzo, aunque no aparece el apellido Vélez (AGI, Contratación, 1160, N° 2. f.54.). Siendo considerado sólo como una hipótesis, parecería posible que Juan Lorenzo Vélez haya viajado hasta Almendralejo acompañado de un hijo suyo, y el cual haya tenido su mismo nombre. Sí hubo recurrencia documentada del nombre Juan Lorenzo Vélez en San Germán en el siglo XVII (véase la siguiente sección, *Otros Parientes en San Germán*).
[270] AMA, Protocolos Notariales, Escribano Pú^{co} Rodrigo Sánchez, 31-VIII-1612. f.375.

Juana Martín Vélez

El testamento de Constanza Ortiz sólo declaró explícitamente a dos de sus hijos, y fue Juana Martín Vélez uno de ellos. Juana Martín casó con Antonio Rodríguez Borrero (nacido c.1558).[271] Antonio fue alcalde de la Santa Hermandad en 1598,[272] regidor en 1602[273] y alcalde ordinario en 1612.[274]

Imagen 8: Firma y rúbrica de Antonio Rodríguez Borrero. San Juan, Puerto Rico (1596). [275]

Uno de los aspectos más importantes de la unión entre Juana Martín y Antonio fue la fusión de sus apellidos que sus descendientes usaron, comenzando por la generación de sus hijos. Estos usaron y dieron paso al apellido compuesto VÉLEZ BORRERO que tuvo una gran distribución por la región oeste de la Isla. A partir del siglo XVII y XVIII se encuentran los VÉLEZ BORRERO asumiendo numerosos cargos civiles y militares.

Es importante tener cautela. Aunque los hijos de Juana Martín y Antonio hayan sido los primeros en usar ese apellido compuesto, no es correcto asumir que todos los que lo usaron a partir del siglo XVII fueron descendientes biológicos. No obstante, lo cierto es que los primeros en usar ese apellido compuesto fueron nietos de Rodrigo Ortiz Vélez, y el origen del linaje por vía materna en San Germán comenzó con él.

---

[271] AGI, Escribanía, 133B, Pieza 8. f.28v.
[272] AGI, Santo Domingo, 56, R.8, N° 64b. f.6v.
[273] AGI, Santo Domingo, 170. f.217.
[274] AGI, Indiferente, 130, N° 63. f.19v.
[275] AGI, Escribanía, 133B, Pieza 8. f.29.

Hijos de **Juana Martín Vélez** y **Antonio Rodríguez Borrero** fueron:
1. Juan Ortiz Vélez[276]
2. Domingo Vélez Borrero

1. Juan Ortiz Vélez

Nació para comienzos del siglo XVII, en 1605.[277] Casó con Leonor Ortega, hija del regidor Francisco de Ortega y Bernardina Ramos.[278]

Juan ostentó múltiples cargos civiles en San Germán como: procurador general, regidor y alcalde ordinario.[279] También tuvo una notable y larga carrera militar. Tomó armas por primera vez en su adolescencia en dada ocasión que los vecinos de San Germán fueron hasta el Puerto Francés (costa suroeste) a proteger bienes y navíos españoles.[280] En 1625 luchó en contra de los holandeses, defendiendo la ciudad de San Juan y el Fortín San Juan de la Cruz (*El Cañuelo*), en la desembocadura del río Bayamón, que también había sido tomado por el enemigo.[281] En su retirada final los holandeses incendiaron la capital y Juan Ortiz Vélez, junto con otros compañeros y soldados, ayudó a apagar el fuego del Convento de Santo Domingo y de muchas otras casas en la ciudad.[282] Su hermano también participó en la defensa de San Juan durante ese ataque (véase). Dado el papel que jugaron los vecinos de San Germán, y su diligencia en defender la ciudad de San Juan del enemigo holandés, y luego el puerto de San Francisco de la Aguada, el 25 de junio de 1626 el rey Felipe IV escribió una carta agradeciéndoles por su lealtad y valentía:

> «el daño que resibió el enemigo olandés quando salió de aquel puerto [de San Juan] fue tan grande que le obligó a irse a reparar al puerto de San Francisco, donde estuvo un mes aderesándose, y que abiéndose echado gente en tierra los vesinos de esa villa [de San Germán] solo defendieron de

---

[276] En algunos de los documentos estudiados su nombre aparece también como «Juan Ortiz Vélez Borrero», pero no en la mayoría.
[277] AGI, Santo Domingo, 165, Probanza de 1641. f.3.
[278] AGI, Indiferente, 130, N° 63. f.1v.
[279] Ibid., ff.19v-20v. Fue procurador general (en 1631), regidor (en 1632, 1639, 1646, 1651 y 1665) y alcalde ordinario (en 1641, 1659, 1661 y 1668).
[280] AGI, Santo Domingo, 165, Probanza de 1669. ff.6v-7.
[281] AGI, Indiferente, 130, N° 63. f.1v.
[282] AGI, Santo Domingo, 165, Probanza de 1641. ff.4-4v.

manera que le mataron mucha gente, y os agradesco mucho el servisio que en esto me hisisteis, y espero de vosotros que en las demás ocasiones que se ofresieren acudiréis con el ánimo valor que entonses, y yo quedo con cuydado de haseros mercedes»[283]

En adición, en 1650 Juan Ortiz Vélez fue despachado hasta la isla de Saint Croix (Islas Vírgenes) para retar a los franceses en la toma de posesión de la misma, y de cuya batalla salió herido y desfigurado del rostro por un golpe de espada, perdiendo todos los dientes superiores, la encía y parte de la nariz.[284] Según uno de los testigos que estuvo presente, aun herido no se retiró de la batalla hasta haber salido victoriosos los españoles.[285]

Hijo de **Juan Ortiz Vélez** y **Leonor Ortega** fue:

i. **Juan (II) Ortiz Vélez Borrero**, nació para el año 1639.[286] Casó con Juana de Quiñones y, como su padre, fue miembro activo del Cabildo y ocupó múltiples puestos civiles como regidor, procurador y alcalde ordinario en distintos términos.[287] Además, también tuvo una destacada carrera militar habiendo sido alférez y capitán de milicias, sargento mayor y teniente de capitán a guerra.[288] Fiel a sus cargos, defendió las costas de la Isla en múltiples ocasiones: como la región de Arecibo, estando al mando de una compañía de 100 hombres por más de un mes en guardia a causa de la presencia de enemigos, y en la batalla en contra de los soldados de la armada de *Monsieur* d'Ogeron en cuya ocasión derrotaron al enemigo francés y los desposeyeron de bastimentos.[289]

---

[283] AGI, Santo Domingo, 165, Probanza de 1641.
[284] AGI, Indiferente, 130, Nº 63. ff.2, 13, 14v.
[285] «Y así erido, siguió el alcançe asta que se dio la vitoria» AGI, Indiferente, 130, Nº 63. f.17.
[286] En el mes de mayo de 1693, Juan (II) Ortiz Vélez Borrero declaró tener 54 años (AGI, Indiferente, 138, Nº 7. f.17v).
[287] AGI, Indiferente, 130, Nº 63. ff.2, 3.
[288] Ibid., ff.2-2v.
[289] Ibid.

Imagen 9: Firma y rúbrica de Juan (II) Ortiz Vélez Borrero. San Germán, Puerto Rico (1697).[290]

2. Domingo Vélez Borrero

Domingo, al igual que su hermano, Juan Ortiz Vélez, luchó en 1625 en San Juan contra los holandeses.[291] Su participación fue mencionada con distinción ya que él y varios otros de sus compañeros tomaron una lancha y contraatacaron al enemigo, matando a unos 25 holandeses. La hazaña le costó una herida al brazo derecho producida por una bala atravesando la muñeca, y por la razón que perdió su mano derecha.[292] Luego de la batalla quedó incapacitado para continuar sus servicios, y en 1628 se le hizo pago de mercedes por «plaza ordinaria de soldado muerta».[293]

---

[290] AGI, Escribanía, 124A, N° 8. f.149.
[291] AGI, Indiferente, 130, N° 63, R.4. f.1.
[292] Ibid.
[293] Ibid. Se denominaba *plaza muerta* el puesto que los capitanes mantenían en sus compañías sin ser efectivamente ocupado por un soldado, pero por el cual recibían un sueldo (*Diccionario de la Lengua Castellana*, p. 296.). Aparenta haber sido un método empleado a discreción de los oficiales superiores para obtener dinero para gastos necesarios imprevistos. En el caso de Domingo Vélez Borrero, para un tipo de beneficio o ayuda monetaria por razón de incapacidad.

Diagrama 2: Genealogía de los descendientes de Juana Martín Vélez y Antonio Rodríguez Borrero (siglo XVII).

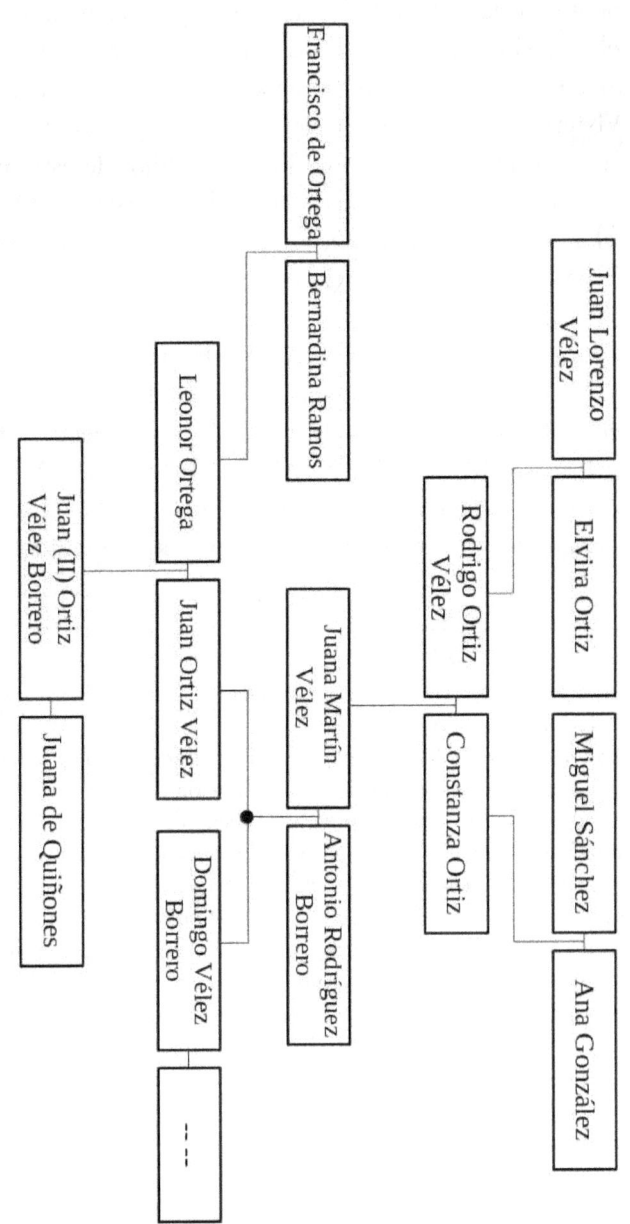

Isabel González

Lo que se conoce de esta hija de Rodrigo y Constanza mediante fuentes primarias es muy poco, pero las especulaciones han sido muchas, y esto mayormente por la atribución de una descendencia incorrecta.

Isabel González casó con Alonso González (nacido c.1561).[294] La fecha del matrimonio es incierta, pero ya para el año 1593 se había efectuado la unión.[295] Vivieron en una casa y hacienda en la región del barrio Caín, al norte del núcleo antiguo de San Germán.[296] Los hijos de este matrimonio fueron mencionados entre los herederos de Constanza Ortiz en su testamento, el 22 de febrero de 1620, aunque no se incluyeron los nombres: «dejo y nombro por mis ligítimos y universales herederos [...] y a mis nietos, hijos de Ysavel Gonzáles».[297]

El historiador y poeta puertorriqueño Francisco Lluch Mora, en su estudio *Catálogo de Inscripciones Demográfico-Sacramentales y de otra índole del Linaje Ortiz de la Renta*, aseguró que la unión de dos respectivas familias en San Germán, los ORTIZ y los GONZÁLEZ DE LA RENTA, dio paso al linaje ORTIZ DE LA RENTA.[298] Y declaró a Alonso e Isabel González como los progenitores de los primeros individuos en usar el apellido compuesto

---

[294] Declaración de Alonso González el día 11 de julio de 1596: «Dijo que se llama Alonso Gonçález y ques vezino de San Germán y ques de edad de treinta y çinco años, poco más o menos.» AGI, Escribanía, 133B, Pieza 8. f.21.

[295] Alonso González el 12 de julio de 1596 declaró «que tengo muger e familia» (AGI, Escribanía, 133B, Pieza 8. f.24v.). Aunque esa declaración fue hecha en 1596, fue parte del testimonio que Alonso dio en su defensa por haber sido acusado de contrabando de mercancías obtenidas en 1593. De modo que, si él hizo mención de su *mujer y familia* como justificación de las motivaciones de la denuncia en 1593, se entiende que estaba casado y ya posiblemente tenía hijos al momento de ella. En adición, no queda duda de que Isabel González haya sido su esposa e hija de Rodrigo, pues en la visita de los oficiales a la casa de Alonso ella fue mencionada y cuestionada bajo juramento: «recibió juramento de Ysavel González, muger del dicho Alonso Gonzáles» (AGI, Escribanía, 133B, Pieza 8. f.20). Y posteriormente Antonio Rodríguez Borrero aparece como testigo a favor de Alonso González en San Juan, y éste declaró que Alonso «está casado con una hermana de [su] muger», es decir, eran concuñados (AGI, Escribanía, 133B, Pieza 8. f.28v). Antonio Rodríguez Borrero por su parte fue identificado como yerno de Rodrigo Ortiz Vélez en ese mismo juicio de residencia: «Antonio rrodríguez Borrero, yerno del dicho rrodrigo Hortiz» (AGI, Escribanía, 133B, Pieza 8. f.45v).

[296] AGI, Escribanía, 133B, Pieza 8. f.20.

[297] AGI, Santo Domingo, 9A, N° 1, Pieza 1. f.198v. Véase Apéndices, Documento n° 9.

[298] Lluch Mora, *Catálogo de Inscripciones*..., p. 17.

ORTIZ DE LA RENTA en Puerto Rico.[299] Lluch Mora colocó sus conclusiones sobre tres pilares con tantas suposiciones y errores que no aguantan el peso de las preguntas que su propia presentación de los datos generan, y son: (a) la atribución del apellido compuesto GONZÁLEZ DE LA RENTA a personas que no le correspondió ni lo usaron, (b) cronologías y lapsos de tiempo imposibles entre muchas de las personas que intentó vincular, (c) parentescos no fundamentados y carentes de validación documental.

(a) Lluch Mora presentó los apellidos de Alonso e Isabel como «Alonso González de la Renta» e «Isabel González de la Renta».[300] En ningún documento de las fuentes primarias estudiadas, incluyendo los propios documentos que Lluch Mora citó, aparecen los apellidos de ellos dos de forma compuesta. El autor tampoco proveyó evidencia documental de algún vínculo entre Alonso o Isabel con cualquier persona del apellido González de la Renta en la villa de San Germán. Lluch Mora hizo González de la Renta de prácticamente casi todos los GONZÁLEZ que aparecen a finales del siglo XVI en San Germán, e hizo Ortiz de la Renta de muchos otros ORTIZ posteriormente en el siglo XVII, y la gran mayoría a base de suposiciones sin validación documental.

(b) Alonso e Isabel ya estaban casados para el 1593 y tenían muy probablemente al menos un hijo (véase, nota nº 295). Aun así, Lluch Mora aseguró que entre 1620 y 1630 la misma pareja tuvo cuatro hijos más, todos varones, y todos usaron el apellido Ortiz de la Renta por primera vez.[301] Alonso González hubiera tenido entre 59 y 69 años de edad para ese rango de tiempo, e Isabel se asume que también hubiera estado entre edades similares, aunque dentro de un posible rango de edades menor.[302] De manera que ellos no hubieran podido procrear cuatro hijos para la década de 1620, en adición de los que ya tenían y Constanza Ortiz declaró como herederos.

---

[299] Ibid.
[300] Ibid., pp. 17, 19.
[301] Ibid., pp. 19-21.
[302] Por la *Probanza de Méritos* de Rodrigo se sabe que él se casó para el año 1563 o 1564. Además, para el 1567 ya tenía tres hijos con Constanza. Por esto es claro que Alonso debió superar la edad de Isabel, como mínimo, por unos tres años, aunque haya estado ella entre los primeros hijos de Rodrigo —de un total de cinco hijos documentados—.

(c) Similar al punto anterior, Lluch Mora declaró en múltiples ocasiones parentescos que no validó con fuentes documentales, llegando a sus conclusiones en muchos casos con información fragmentada o inferida. Éste no tan sólo fue el caso para los que él señaló como la primera generación de Ortiz de la Renta, pero asunciones carentes de validación también formaron la base para parentescos en generaciones subsiguientes presentadas en su *Catálogo*.

Para propósitos de este estudio actual, basta con declarar: **Alonso González e Isabel González no fueron los progenitores de los primeros ORTIZ DE LA RENTA en San Germán.**[303] Tampoco sabemos con certeza los nombres ni la cantidad exacta de los hijos que sí procrearon.

No es aceptable negar la posibilidad de que en la genealogía de la familia ORTIZ DE LA RENTA en la región de San Germán haya alguna línea que cruce con las de los descendientes de Rodrigo Ortiz Vélez. Sin embargo, no hemos encontrado en fuentes primarias información que muestre alguna conexión entre Rodrigo o sus hijos con miembros de la familia ORTIZ DE LA RENTA, y continuar esas vinculaciones forzadas sin documentación o validación es, y fue, un error inexcusable.

Francisco Vélez

Fue el segundo de los dos hijos mencionados por Constanza Ortiz en su testamento. A diferencia de sus hermanos, Francisco es el único del que no tenemos certeza de evento nupcial. A pesar de eso, es posible que haya dejado descendientes en San Germán (véase la siguiente sección, *Otros Parientes en San Germán*).

Las noticias más tempranas que tenemos de este hijo de Rodrigo y Constanza son a través de la composición del Cabildo de la villa. Francisco formó parte del Cabildo en al menos dos ocasiones desde principios del siglo XVII: en 1606[304] y 1624 como regidor.[305]

---

[303] Para una exposición más extensa de los errores y datos que aquí se mencionan, y otros más, que invalidan totalmente la posibilidad de Isabel y Alonso González como los progenitores de los primeros ORTIZ DE LA RENTA, véase: Vélez Acevedo, *Incertidumbre sobre los orígenes del linaje Ortiz de la Renta en Puerto Rico: Un breve ensayo*.
[304] AGI, Santo Domingo, 161, R.1, N° 43a. f.8.
[305] AGI, Escribanía, 9A, N° 1, Pieza 1. f.197v.

Su participación en el Cabildo y los asuntos civiles de la villa en el año de 1606 fue de particular importancia y relevancia histórica para San Germán, pues ese año el Cabildo aprobó la construcción del convento dominico Porta Coeli, construido en los terrenos que pertenecieron a Juan López de Aliseda (posiblemente el mismo de ese nombre compadre de Rodrigo), y para cuya empresa donaron los vecinos unas 210 reses y 1150 reales.[306] El Porta Coeli, aunque se ha beneficiado de varias remodelaciones a lo largo de su historia, es el edificio de mayor antigüedad y que más cerca se remonta a la fundación de la villa de San Germán en su ubicación actual.

Imagen 10: *Museo de Arte Religioso Santo Domingo de Porta Coeli. San Germán, Puerto Rico (2021).*

---

[306] AGI, Santo Domingo, 161, R.1, N° 43a. ff.6, 8. En los documentos estudiados, la autorización del Cabildo aparece con fecha del mes de diciembre de **1600** (Ibid., f.7). Sin embargo, el testimonio del escribano de la villa con la petición de fundación del convento fue en el mes de noviembre de **1606**, y las licencias de autorización de los funcionarios del convento de San Juan fueron en el mes de diciembre de **1606**. Por eso asumimos que el referido Cabildo dio la autorización de la fundación del convento en diciembre de 1606 y no de 1600. Los documentos referidos son traslados de los originales. En cualquier caso, el Cabildo que autorizó la construcción del convento estuvo compuesto por: «Alonso de Torres Maldonado = Francisco Vélez = Juan Rodríguez de Olivencia = Diego de Figueroa = Francisco de Ortega» (Ibid., f.8.).

Imagen 11: Retablo interior del Museo de Arte Religioso Santo Domingo de Porta Coeli. San Germán, Puerto Rico (2021).

Otros Parientes en San Germán

La siguiente nómina corresponde a varias personas a finales del siglo XVI y a lo largo del siglo XVII que hemos identificado como posibles parientes de Rodrigo Ortiz Vélez, pero para los cuales no hemos podido obtener suficiente evidencia documental satisfactoria para establecer con certeza cuál haya sido el vínculo biológico, si lo hubo.

Juan Ortiz Vélez

Juan Ortiz Vélez no aparece como hijo de Juan Lorenzo Vélez y Elvira Ortiz en los *Apuntes Genealógicos* de Gonzalo (III) Ortiz Vélez de Guevara (véase, *Capítulo II*). Sin embargo, los documentos estudiados relativos a la villa de San Germán señalan a un pariente cercano de Rodrigo como vecino de ella.

Primeramente, a más de una década después de la llegada de Rodrigo a Puerto Rico, en 1577, un testigo en su *Probanza de Méritos* y vecino de la villa de San Germán declaró que conocía de la procedencia de Rodrigo y de sus orígenes en Almendralejo porque así lo había escuchado decir de un hermano de éste, aunque el testigo no declaró el nombre del alegado hermano.[307] Segundo, otro testigo aseguró que también conocía de los pormenores de la llegada de Rodrigo a la villa y de su viaje como soldado en una armada porque así lo escuchó de un tal «don Joan», pero sin decir qué relación guardó el susodicho con Rodrigo.[308] Y finalmente, unos meses antes de esas declaraciones, en una Real Provisión de 1577, aparece el nombre de

---

[307] AGI, Santo Domingo, 79, N° 141. f.1532.
[308] Ibid., f.1528v.

«Juan Ortiz Vélez» como alcalde ordinario de la villa de San Germán.[309]

Esas declaraciones, y la aparición del nombre *Juan Ortiz Vélez* en San Germán ese mismo año, conducen hasta la posible conclusión que ese debió ser el mencionado hermano de Rodrigo que residió en San Germán, y que posiblemente ambos hayan llegado en la misma armada a la Isla.[310] Pero tomando muy en cuenta que los *Apuntes Genealógicos* en Almendralejo de esta familia no lo mencionan, sería posible que se trate, por ejemplo, de un hermano de crianza.[311]

Rodrigo Ortiz Vélez

Un homónimo en la villa. Este otro Rodrigo Ortiz Vélez declaró tener 45 años de edad para finales de 1641, o sea, que nació para el 1596.[312] Esa fecha lo coloca dentro del rango generacional de los nietos de Rodrigo y Constanza, no sus hijos. Aun así, no hemos podido identificar sus padres.

---

[309] AGI, Santo Domingo, 544. ff.111-111v. Aunque es importante señalar que sólo contamos con un traslado de la Real Provisión, o sea, es posible que haya habido un error de transcripción de la original. Es sólo una posibilidad que no debe ser tampoco ignorada ya que Rodrigo Ortiz Vélez fue alcalde ordinario en 1577 también, y hubieran sido dos hermanos (o parientes cercanos) electos como alcaldes ordinarios en el mismo año. En adición, la referida Real Provisión de 1577 fue precisamente la que decretó la Real Audiencia de Santo Domingo a favor de los vecinos de San Germán permitiéndoles mantener el poblado en las Lomas de Santa Marta (véase, *Capítulo VII*).

[310] La posibilidad de Juan Ortiz Vélez como hijo de Rodrigo Ortiz Vélez no es válida, pues para el año 1577 ninguno de sus hijos pudo haber sido mayor de 13 o 14 años. Las declaraciones por el propio Rodrigo, y de testigos en ese mismo interrogatorio, indican que para el 1577 él llevaba sólo unos 15 años en San Germán, habiéndose casado poco después de su llegada (AGI, Santo Domingo, 79, N° 141. f.1525v).

[311] Indiferentemente del mencionado hermano, en la *Probanza* de Rodrigo se aludió a múltiples parientes suyos en la Isla: «oyó dezir este testigo a parientes del dicho Rodrigo Ortiz y a gente de su tyerra» AGI, Santo Domingo, 79, N° 141. f.1530v. Aunque desconocemos quiénes pudieron ser esos parientes en su totalidad, sí sabemos al menos de una familia almendralejense que se asentó en la ciudad de San Juan para el año 1549: Pedro Esteban Calvo y Elvira Ortiz. Al momento de su llegada a la Isla, Pedro y Elvira tenían un hijo de cinco años que se llamó, curiosamente, Rodrigo Ortiz (AGI, Indiferente, 2051, N° 7. f.1). Este otro Rodrigo viajó hasta Almendralejo y solicitó licencia de pasaje de regreso a Puerto Rico en 1565. La presencia de estos otros descendientes de la familia Ortiz de Almendralejo en la Isla sugiere las posibles identidades, o posibles conexiones, de algunos de los referidos «parientes» u otros procedentes de la región natal en España de Rodrigo Ortiz Vélez.

[312] AGI, Santo Domingo, 165, Probanza de 1641. f.14.

Luchó y defendió también la ciudad de San Juan durante el ataque holandés de 1625.[313]

Juan Lorenzo Vélez

En el 1643 se llevó a cabo un alarde de milicianos en San Germán y entre ellos figuró un «Juan Lorenzo Bélez».[314] Similar al posible pariente anterior, no contamos con suficiente información para concluir quiénes fueron sus padres y si en realidad fue descendiente de Rodrigo Ortiz Vélez. Pero sabiendo que ese fue precisamente el nombre del padre de Rodrigo, y el de uno de sus hijos ya difunto para esa fecha, parece muy posible que se trate de otro descendiente en la villa.

Francisco Vélez

En la década del ochenta del siglo XVII se ve la reaparición del nombre «Francisco Véles» nuevamente en el Cabildo como regidor, en 1682.[315] Por el rango de tiempo no es posible que se trate del otro Francisco Vélez, hijo de Rodrigo, pero por el nombre, la localidad y el desempeño en las entidades civiles de la villa, creemos muy posible que haya sido descendiente de él.[316]

La presencia de este otro Francisco Vélez supone entonces la posible participación de los descendientes de Rodrigo en los cabildos de San Germán a través de dos ramas genealógicas distintas entre sus hijos: la de Juana Martín Vélez y la de Francisco Vélez.

Francisco Vélez del Rosario

Finalizando el siglo XVII, en 1697, aparece un Francisco Vélez del Rosario como regidor del Cabildo de San Germán.[317] Este otro Francisco fue diferente del anterior, pues unos años más tarde declaró haber nacido para el 1669, y hubiera tenido unos 13 años de edad para el 1682.[318]

---

[313] Ibid., ff.14v-15v.
[314] AGI, Santo Domingo, 56, R.8, N° 64b. f.1v.
[315] AGI, Indiferente, 138, N° 7. f.41.
[316] El Francisco Vélez hijo de Rodrigo debió nacer aproximadamente para la década de 1580, o antes, para haber obtenido la mayoría de edad y haber podido ser electo en el Cabildo para la primera década del siglo XVII. Por tanto, es improbable que aún para 1682, unos 100 años después, siguiera vivo y activo en funciones de gobernación.
[317] AGI, Escribanía, 124A, N° 8. f.16.
[318] AGI, Escribanía, 128B, Pieza 9. f.37v.

En todo caso, los mismos factores que sugieren el posible vínculo del Francisco Vélez anterior con Rodrigo obran similarmente aquí con este otro.

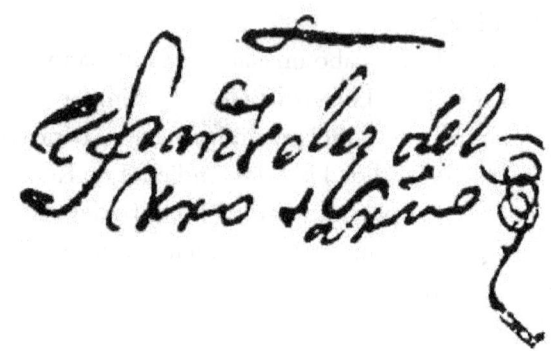

Imagen 12: Firma y rúbrica de Francisco Vélez del Rosario. San Germán, Puerto Rico (1697).[319]

José Vélez Borrero

Semejantemente, en 1697, apareció «Joseph Vélez Borero» como testigo en el juicio de residencia de múltiples oficiales de la villa de San Germán.[320] Declaró haber nacido para el 1671, y con relación a las preguntas generales de la ley dijo «que le tocan con algunos rezidenziados».[321] Aunque no especificó con quiénes, Juan (II) Ortiz Vélez Borrero fue uno de ellos, haciendo posible su vínculo biológico con los descendientes de Rodrigo Ortiz Vélez.

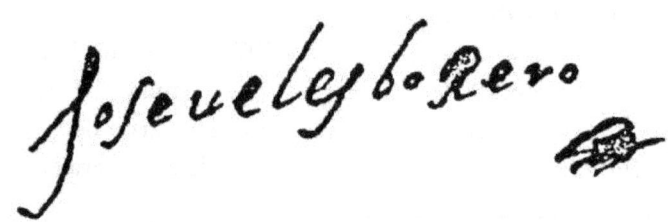

Imagen 13: Firma y rúbrica de José Vélez Borrero. San Germán, Puerto Rico (1697).[322]

---

[319] AGI, Escribanía, 124A, N° 8. f.16v.
[320] Ibid., f.36.
[321] Ibid., f.36v.
[322] Ibid., f.38v.

Conclusiones

La importancia de la vida de Rodrigo Ortiz Vélez desde un punto de vista biográfico es la dualidad de los valores que expone, tanto los históricos como los humanos.

Primeramente, la historia de Rodrigo merece ser entendida dentro del contexto de su tiempo y de la propia historia de Puerto Rico, ya que existen múltiples elementos de su vida e historia personal que se intersecan con puntos relevantes en los eventos de la región suroeste de la Isla. En adición, la narración de su historia contribuye al entendimiento de la realidad y las vicisitudes vividas por las personas de su época.

Sus primeras décadas en la región de San Germán estuvieron marcadas por violentos ataques por parte de indios caribes y rivales europeos que consumieron gran cantidad de recursos militares y humanos. Aunque las fortificaciones de San Juan para finales del siglo XVI le conferían mayor protección a esa ciudad, la correspondencia de los gobernadores revela que la isla entera estuvo bajo abundantes amenazas para este período. Es decir, esos ataques no fueron eventos regionales que Rodrigo hubiera podido evadir fácilmente fuera de San Germán.

Semejantemente, los ataques a la Isla aparentan haber causado otras necesidades agudas y afectaron muchos aspectos socioeconómicos. La pérdida de hacienda a nivel individual y nacional, así como las fluctuaciones marcadas en los niveles poblacionales a causa de secuestros, o las partidas de habitantes tributarios, y los altos coeficientes de mortalidad, mantuvieron un bajo ingreso económico a través de todos los estratos sociales. Inclusive, en 1567 el propio gobernador de Puerto Rico, Francisco Bahamonde de

Lugo, le escribió al rey, resentido: «Yo muero aquí de hambre con el salario que Vuestra Majestad me da».[323]

Otro elemento que aumentó la hostilidad de su entorno y merece consideración en la contextualización biográfica de Rodrigo en el siglo XVI, y del bienestar de los habitantes de la Isla en general, fue la influencia negativa de los fenómenos naturales en la región del Caribe. Entre 1560-1600 se registraron al menos unos cinco huracanes.[324] Estos fenómenos, al igual que los ataques a la villa, fueron capaces en muchos casos de causar grandes daños a las viviendas y a la escasa infraestructura con la que contaba la Isla. Aun sin nativos u otros enemigos, la isla de Puerto Rico hubiera presentado perjuicios para Rodrigo y los demás a causa de eventos climatológicos periódicos totalmente ausentes en su región natal extremeña. Y amén de las plagas, mosquitos u otros insectos que facilitaran la transmisión de enfermedades o malestares.

Por otra parte, a medida que los ataques por enemigos externos fueron reduciendo en severidad y frecuencia luego de la mudanza final, los pleitos internos se hicieron más presentes. La estabilidad y relativa paz en la villa dio paso a la aguda percepción de otros sonidos disonantes en la harmonía que deseaban alcanzar los vecinos de San Germán. Los desacuerdos en relación con la ubicación de la villa, el posible complot entre vecinos con franceses y las repetidas órdenes de los gobernadores a detener o revertir la mudanza son ejemplos de esta turbulenta dinámica interna.

Aunque el posible papel que pudo haber jugado Rodrigo directamente en las contenciones con los gobernadores no se ha beneficiado de evidencia indiscutible, es prudente tomar todos los datos e información posible para la fecha y la posición de Rodrigo en la villa en consideración. Se intuye que entre los vecinos de la villa únicamente los permanentes o ricos tendrían la disposición para retar a los gobernadores, pues los residentes transitorios o los pobres carecerían de los incentivos, la voluntad, o los recursos necesarios para emprender luchas políticas con posibles extensiones a largo plazo.

También es meritorio señalar los datos que arrojan luz a su carácter. El *Juicio de Residencia* de 1594, y el homólogo en 1596, comprende el mejor instrumento del que disponemos para estudiar su carácter ya que contienen

---

[323] AGI, Santo Domingo, 155, R. 6, Nº 35. f.3.
[324] Los años fueron: 1573, 1575, 1580 y dos en 1591 (Gelpi Baíz, *Siglo en Blanco*, p. 315; Salivia, *Historia de los temporales...*, pp. 59-61.).

en su mayoría respuestas y declaraciones en su propia persona. Su actuación en esos procesos judiciales, entre otras cosas, revela tenacidad legal. «*Conforme a derecho, no puedo ser convencido, ni se me puede hazer cargo en dos tribunales por una misma cosa*», le recordó Rodrigo al propio juez que lo tenía encarcelado en la prisión de la Fortaleza de San Juan. Sus destrezas legales sin duda hubieran sido ventajosas para los sangermeños al momento de delinear una estrategia de acción que contradijera la voluntad de los gobernadores y sus órdenes –entiéndase, las vías legales de la Real Audiencia de Santo Domingo–. Naturalmente, la dinámica de los pleitos de los vecinos de San Germán con los gobernadores fue complicada y alimentada por numerosos factores. Aun así, existen igualmente múltiples datos que sugieren la participación de Rodrigo en esos asuntos, y su influencia como funcionario civil y vecino permanente no carece de méritos. Es imposible no aceptar que un individuo que estuvo tan íntimamente envuelto en los asuntos de gobernación de la villa, tan pronto luego de su llegada, no haya tenido una voz o papel importante en el diseño del destino de ella. El bienestar de la villa debió estar intrínsecamente ligado con el suyo y el de su familia, y la inacción no aparenta haber sido una cualidad recurrente en él.

El segundo elemento de gran valor en su historia es más sutil, pero imprescindible. Rodrigo Ortiz Vélez, con sus numerosas batallas y desafíos, y habiendo servido fielmente a su rey y su nación «con sus armas y cavallo»,[325] se presenta casi como un personaje quijotesco, y no por la absurdez de sus acciones, sino por su pasión y las fuerzas internas que lo impulsaran. En él se ejemplifica el modelo de un soldado, no un conquistador, que viajó y permaneció en el Nuevo Mundo a pesar de todos los obstáculos y retos; proyectando una inspiradora trayectoria desde soldado desamparado, a su llegada, hasta el hombre más rico de la villa, a su partida. Su historia personal, aunque sea en una limitada medida, rinde homenaje a la tolerancia humana para sufrir y su capacidad para mantener la luz de la esperanza ardiendo en su interior, como fue el caso de tantos hombres y mujeres que contribuyeron a la temprana formación del pueblo puertorriqueño. Ni él ni muchos otros como él fueron infalibles. Y es que la luz que los datos de su vida arrojan en nuestra dirección, cruzando el tiempo, no son capaces de ahuyentar todas las sombras. En parte porque aún hay elementos de su vida que desconocemos, y en otra, porque las corrientes

---

[325] AGI, Santo Domingo, 79, N° 141. f.1524.

que lo trajeron a Puerto Rico, y a muchos otros, fueron mucho más complejas de lo que en ocasiones creemos.

Nuestra intención con este trabajo no ha sido alumbrar cada rincón de su vida enteramente, pues aun las investigaciones más exhaustivas quedan limitadas por la documentación existente al alcance de los investigadores. Más bien, hemos intentado iluminar suficientes aspectos de su vida para satisfacer la curiosidad del lector y aumentar igualmente el entendimiento de las tendencias que lo moldearon. Es una contribución que intenta alentar el conocimiento del sacrificio, sudor y lágrimas que se derraman con la formación de toda nación humana; donde el *orgullo* abunda, la *inquietud* perdura, y la *sedición* nunca se ausenta.

APÉNDICES

Documento nº 1

Testimonio de Rodrigo Ortiz Vélez en la Probanza del procurador Juan Martínez de Avendaño (traslado)
14 de mayo de 1572, San Germán (Guadianilla), Puerto Rico.
AGI, Santo Domingo, 168

En la villa de Sant Germán desta ysla de Sant Juan de las yndiaz del mar oçéano, en catorse díaz del mes de mayo de mill y quinientos y setenta y dos años, ante el muy magnífico señor Juan López de Alyzeda, teniente de gobernador en esta dicha villa por el ylustre señor Francisco de Solys, governador y justiçia mayor en esta dicha ysla de Sant Juan por Su Magestad, y en presençia de mí, Gerónimo Marqués, escribano públyco del consejo desta dicha villa, pareçió presente Juan Martínez de Avendaño, procurador general desta dicha villa, y presentó un escrito e ynterrogatorio del tenor siguiente.

Muy magnífico señor Juan Martínez de Avendaño, procurador general desta nueva villa de Sant Germán, digo que para enviar a Su Magestad e a su Real Consejo de Yndiaz combiene al bien, pro e utilidad desta dicha villa hazer ynformaçión de las cosas abajo contenidas.

A Vuestra Merced suplico *ad perpetuan rrey nmemorian*, o por la vía que más de derecho ubiera lugar, mande que los testigos que presentaré debaxo de juramento declaren por las preguntas abajo contenidas, e lo que dijeren e depusieren me lo mande dar en públyca forma en manera que haga fee ynterponiendo Vuestra Merced a ello su autoridad e decreto judiçial para lo presentar ante quien al derecho desta dicha villa e vos della convenga e pido justiçia, e las preguntas son las siguientes.

1. Lo primero, si conocen a mí, Juan Martínez de Avendaño, procurador general desta dicha villa de Sant Germán.

2. Yten, si saben y an visto etc. que yndios caribes an benido a esta villa cantidad dellos con nuebe piraguas, en que abía más de mill yndios de guerra, e podrá aver que binieron çinco años, poco más o menos. Digan los testigos lo que saben.

3. Yten, si saben y bieron los dichos testigos que los dichos caribes, la dicha vez que binieron, quemaron mucha cantidad de hazienda de vezinos desta dicha villa, e llebaron esclavos e gente lybre e mataron algunos e hizieron gran daño en las haziendas comarcanas a esta villa.

4. Yten, si saben e vieron etc. que después de quemadas las dichas haziendas los dichos caribes binieron a esta dicha villa e quemaron todas las casas della e robaron todo lo que abía en la dicha villa sin podelles resistir e, a bueltas de lo que así quemaron, quemaron una yglesia sola que abía en la dicha villa // [f.407] hasta los çimientos por ser de madera, e robaron y llebaron todo lo que dentro della hallaron. Digan lo que saben.

5. Yten, si saben etc. que después de la quema e rrobo, abrá tres años, tornaron los dichos caribes yndios a benir a esta dicha villa, e su término, e flecharon çiertos esclavos e mataron çiertos cavallos que pudieron.

6. Yten, si saben etc. que abra catorze o quinse meses que así mismo binieron a esta villa nabíos de françeses o yngleses corsarios e con mano armada saltaron en tierra e robaron e llebaron todo lo que en la villa hallaron y, entre lo que así llebaron, llebaron çierta cantidad de plata en cályçes y otras cosas de la dicha yglesia, que por temor dellos el mayordomo de la dicha yglesia abía escondido en el monte por no aver tenido lugar de lo poner en cobro. Digan lo que saben.

7. Yten, si saben etc. que la dicha yglesia es muy pobre e no tiene fábrica ninguna más de lo que de los diezmos le perteneçe, que serán en cada un año treynta y siete o treynta y ocho pesos de quartos. Digan lo que saben.

8. Yten, si saben etc. que todos los vezinos de la dicha villa, e su término, así mismo son muy pobres e padesen muy gran neçesidad.

9. Yten, si saben etc. que de causa de la gran pobresa de la dicha yglesia y vezinos de la dicha villa hasta oy no se a podido hazer yglesia y dizen misa, y los divinos ofiçios, en un bohío de paja tan pequeño que están oyendo misa fuera del cantidad de personas por no caver dentro.

[10.]   Yten, si saben etc. que sy Su Magestad no haze merced e lymosna a la yglesia de la dicha villa de alguna cantidad de dineros para hazerla, es ymposible a causa de la dicha pobresa hazer, ni edificar, la dicha yglesia.

[11.]   Yten, si saben etc. que por ser pocos los vezinos de la dicha villa e no ser vastante para se defender de tantos enemigos, así caribes como françeses e yngleses, como aquí acuden, tienen acordado de mudar el dicho pueblo la tierra dentro, e para ello tienen ya lyçençia de la Audiençia rreal de Santo Domingo.

[12.]   Yten, si saben etc. que sy Su Magestad fuere serbido hazer la dicha lymosna para el edifiçio de la dicha yglesia, conbiene se probea se le dé parte [y] se haga la dicha yglesia donde quiera que el dicho pueblo estubiere o se mudare.

[13.]   Yten, si saben etc. que todo lo susodicho es públyco y notorio, e públyca bos e fama. Juan Martínez de Avendaño.

E presentada la dicha petiçión e ynterrogatorio en la manera que dicha es // [f.407v], el dicho señor teniente la ubo por presentada, y dijo que presente los testigos de que se entiende aprobechar que Su Merced está presto de los mandar examinar por el tenor del dicho ynterrogatorio. Y ansí dijo que lo mandaba y mandó y lo firmó. Juan López de Alyzeda.

E después de los susodicho, en catorze díaz del mes de mayo de mill y quinientos y setenta y dos años, ante el dicho señor tiniente y en presençia de mí, Gerónimo Marqués, escribano público y del consejo desta villa de Sant Germán, pareçió presente el dicho Juan Martínez de Avendaño, procurador general desta dicha villa, y para la dicha ynformaçión presentó por testigos a **Rodrigo Ortiz**, alcalde ordinario desta dicha villa, y Pedro Hernández Camacho y a Juan Batista Riço y a Francisco García vezinos desta dicha villa, de los quales, e de cada uno dellos, el dicho señor tiniente tomó y reçibió juramento según forma devida de derecho, so cargo, del qual prometieron de dezir verdad de lo que supieren en este caso de que son presentados por testigos y a la fuerça y conclusión del dicho juramento dijeron sí juro y amén. Pasó ante mí, Gerónimo Marqués, escribano público del consejo.

E después de lo susodicho, en catorze díaz del mes de mayo de mill y quinientos y setenta y dos años, ante el dicho señor tiniente y en presençia de mí, el dicho escribano, pareçió presente el dicho Juan Martínez de Avendaño, procurador general desta dicha villa, y para la dicha ynformaçión presentó por testigos a Juan Garçía de Olybençia, vezino y regidor desta dicha villa, y a Domingo Collaço y a Salbador de Moya vezinos desta dicha villa, de los quales y, de cada uno dellos, el dicho señor tiniente tomó y reçibió juramento según forma de derecho, so cargo, del qual prometieron de dezir verdad de lo que supieren en este caso que son presentados por testigos y a la fuerça y conclusión del dicho juramento dijeron sy juramos y amén. Pasó ante mí, Gerónimo Marqués, escribano público del consejo.

TESTIGO. El dicho **Rodrigo Ortiz**, testigo presentado por el dicho Juan Martínez de Avendaño, // [f.408] y abiendo jurado según de derecho y siéndole preguntado por el tenor del dicho ynterrogatorio y preguntas del, dijo lo siguiente.

1. A la primera pregunta dijo que conoçe al dicho Juan Martínez de Avendaño y lo tiene por tal procurador como la pregunta lo dize.

    Preguntado por las preguntas generales de la ley dijo que no le toca ninguna de las generales, y dijo que es de edad de treynta y dos años, poco más o menos.

2. A la segunda pregunta dijo que sabe este testigo que binieron caribes a esta dicha villa, y binieron nueve piraguas, y que la cantidad de yndios no sabe la cantidad que eran. Preguntado cómo lo sabe, dijo este testigo que al tiempo que los caribes binieron a esta dicha villa estaba en la çiudad de Santo Domingo y que vino de la dicha çiudad de Santo Domingo ocho o diez díaz después de aver quemado los caribes la dicha villa y halló su casa quemada de los dichos caribes y la muger e hijos y negros y toda la demás hazienda que este testigo tenía llebada de los dichos caribes, y que sabe que fue en el tienpo que la pregunta dize.

3. A la terçera pregunta dijo que sabe este testigo que llebaron muchos esclavos y personas lybres los dichos caribes y sabe que murieron

çiertos hombres y otros quedaron heridos de los dichos caribes por quitar la presa que los dichos caribes abían hecho en la dicha villa. Preguntado cómo lo sabe, dijo este testigo que al tienpo que vino de la dicha çiudad que en la batalla que tubieron los españoles con los caribes que se avía salbado su muger y su suegra y otras personas de su casa, y le llebaron los caribes a un hijo y un negro deste testigo, y su muger salió con una lançada, y que por esto lo sabe.

4. A la quarta pregunta dijo que sabe y vido este testigo quando bino de la dicha çiudad quemadas todas las casas de la dicha villa que no quedaron sino tres o cuatro casas de la dicha villa, y ansí mismo bido la yglesia de la dicha villa quemada y robada y a todos los vezinos ni más ni menos, y que no quedó retablo ni pila de agua // [f.408v] bendita en la dicha yglesia sin aver resistión ninguna ni aver quien resistiese a los dichos yndios caribes.

5. A la quinta pregunta dijo que lo sabe como en ella se contiene. Preguntado cómo lo sabe, dijo este testigo que al tiempo que dize la dicha pregunta bido un negro que benía huyendo de los dichos yndios caribes con una flecha metida por el pesqueso, y preguntó este dicho testigo al dicho negro que a dónde lo avían herido y dijo que en un monte más de media legua de la mar. Y dijo que avía dejado cavallos y cargas que llebaba él y otros dos compañeros suyos por salvarse de los dichos caribes que los tenían sercados, y que sabe este testigo que los cavallos que dejaron los dichos negros los mataron los dichos yndios caribes porque otro día los hallaron muertos en la parte y lugar donde el dicho negro dijo que lo abían herido.

6. A la sesta pregunta dijo que no sabe lo que la pregunta dize, mas de que lo oyó dezir porque no se halló presente quando los yngleses, françeses binieron a esta villa, mas que después acá a oydo dezir públycamente a todo el común que abía escondido el mayordomo de la yglesia y sus criados toda la ropa y plata de la yglesia, y suya y alguna de particulares, y que de allí la llebaron los françeses por no aver quien la defendiese.

7. A la sétima pregunta dijo que sabe este testigo que la yglesia de la dicha villa de Sant Germán es pobre, que no tiene renta más de lo que le dan de los diezmos como la pregunta dize.

8. A la otava pregunta dijo que todos los vezinos de la dicha villa son pobres y padeçen mucha neçesidad como la pregunta dize.

9. A la nobena pregunta dijo que sabe este testigo que no se a hecho yglesia en la dicha villa después que caribes la quemaron a causa de la pobresa de la dicha yglesia y vezinos della, y que desde entonçes // [f.409] hasta agora, y hasta que Dios sea servido, se a dicho misa y dize en un bohío de paja pequeño y aconteçe estar fuera oyendo misa por no caver dentro del dicho bohío, y esto sabe desta pregunta.

10. A la deçima pregunta dijo este testigo que le pareçe que sy Su Magestad no haze merced y lymosna a la yglesia de la dicha villa de alguna cantidad de dineros será ynposible hazerse, ni edificarse, la dicha yglesia a causa de la pobresa de los dichos vezinos.

11. A la onzena pregunta dijo que por ser pocos los vezinos de la dicha villa para defenderse de tantos enemigos como son françeses, yngleses y caribes tienen acordado de mudar el pueblo a la tierra dentro con lyçençia de la Audiençia Real de Santo Domingo.

12. A la dozena pregunta dijo que sabe este testigo que sy Su Magestad fuere servido de hazer la dicha lymosna para el edifiçio de la dicha yglesia, conviene se probea y se le dé parte y se haga la dycha yglesia donde quiera que el dicho pueblo de Sant Germán estubiere o se mudare, y esto sabe desta pregunta.

13. A la treze preguntas dijo que lo que dicho y declarado tiene es la verdad para el juramento que hizo y firmolo de su nonbre. Rodrigo Ortiz. Pasó ante mí, Gerónimo Marqués, escribano púbłyco del consejo.

[...] // [f.409v]

Documento nº 2

Probanza de Méritos de Rodrigo Ortiz Vélez* (traslado)
16-19 de agosto de 1577, San Germán, Puerto Rico.
AGI, Santo Domingo, 79, Nº 141

        Muy Poderoso Señor
        Santo Domingo, 16 de agosto de 1579

Rodrigo Ortiz Vélez, vecino de la villa de San Germán, y capitán en ella, que es en la Nueva Salamanca, isla de San Juan de Puerto Rico, dice que a más de diez y siete años que el susodicho pasó en aquellas partes donde en todo lo que se ha ofrecido ha servido a Vuestra Alteza con sus armas y caballo. Y en especial al tiempo que fueron a la dicha villa corsarios franceses el susodicho, como tal capitán, les quitó la presa que habían tomado, donde fue herido con una bala que le dieron en un brazo. Y otra vez habiendo venido franceses el año de sesenta y cinco con navíos al puerto de la dicha villa, como alférez que a la sazón era de la gente de a caballo, asistió de manera que no les dejaron desembarcar. Y el año de sesenta y siete al tiempo que los indios caribes robaron y quemaron la villa de Guadianilla mataron al susodicho un hijo, y le quemaron su casa y recibió otros muchos daños por ser uno de los señalados hombres que había en todo aquella tierra. Y por sus buenas partes le han elegido y nombrado por alcalde ordinario y procurador general muchos años, y en todos ellos ha servido a Vuestra Alteza como bueno y leal vasallo con mucha costa y riesgo de su persona, como consta y parece por esta información que presenta.

Por tanto, a Vuestra Alteza, pide y suplica le haga merced del oficio de tesorero que está vaco en el Cabo de la Bela, o el que se hubiere de proveer en la isla de Santo Domingo o en el de San Juan de Jamaica, o en otra cosa que Vuestra Alteza fuere servido que en él, etc.
        Juan de Aldaz [rúbrica]// [f.1524]

---

* Aunque las referencias a este documento en el resto de los capítulos han sido citas textuales, aquí hemos decidido presentar el documento entero con la ortografía alterada en su forma moderna para mejorar y motivar la lectura del mismo en su totalidad. En adición, no hemos incluido las notas al calce del escribano ya que son todas correcciones al texto del traslado y han sido incluidas directamente.

En la villa de San Germán de la Nueva Salamanca, que es en esta isla de San Joan de Puerto Rico de las Indias del mar océano, en diez y seis días del mes de agosto de mil e quinientos y setenta y siete años, ante el muy magnífico señor Francisco Ortiz, teniente de gobernador en esta dicha villa por el ilustre señor Francisco de Obando Mesía, gobernador y justicia mayor y capitán general en esta dicha isla de San Joan, por Su Majestad, y en presencia de mí, Gerónimo Marqués, escribano público de esta dicha villa, pareció presente Rodrigo Ortiz Béles alcalde ordinario en esta dicha villa por, Su Majestad, y capitán en ella, presentó una petición e interrogatorio del tenor siguiente.

Muy magnífico señor, Rodrigo Ortiz Béles, vecino de esta villa de San Germán, y capitán en ella, parezco ante Vuestra Merced y digo que me conviene hacer una información *ad perpetuam rei memoriam*, o como haya mejor lugar de derecho, para que por ella Su Majestad en su Real Consejo de las Indias le conste de cómo le servido en esta dicha villa todo el tiempo que en ella estado.

A Vuestra Merced, pido y suplico que los testigos que en este caso presentaré mande se examinen por las preguntas del interrogatorio que presento y lo que dijeren y depusieren se me dé en manera que haga fe para lo pre- // [f.1525] sentar en la parte susodicha interponiendo en ello Vuestra Merced su autoridad y decreto judicial con su parecer al pie de la dicha información, como Su Majestad lo manda, para lo cual el muy magnífico oficio de Vuestra Merced imploro. Rodrigo Ortiz Béles.

I. Primeramente, si conocen a Rodrigo Ortiz Béles, vecino de la villa de San Germán, y de qué tiempo a esta parte.

II. Yten, si saben que vieron y oyeron decir cómo el dicho Rodrigo Ortiz Béles es natural de los Reinos de Castilla y de un lugar llamado el Almendralejo, que es en Extremadura, y vino a estas partes con licencia de Su Majestad, tiempo de quince años, poco más o menos, y se casó en esta dicha villa con Gostansa Ortiz y al presente lo está. Digan lo que saben.

III. Yten, si saben etc. que en este dicho tiempo el susodicho ha servido de alcalde ordinario tres años en esta dicha villa, y lo han elegido en el Cabildo, y así mismo otros dos años de procurador general del Concejo de ella. Digan lo que saben.

IIII. Yten, si saben etc. que por el año pasado de setenta y seis años vinieron franceses a la dicha villa y, sin ser sentidos de noche, dieron en ella y la robaron y prendieron ciertos vecinos y mujeres y niños, y el dicho Rodrigo Ortiz, como capitán, juntó la poca gente que salió huyendo de la villa y desarmados salió a un escuadrón // [f.1525v] de los enemigos de más de ochenta arcabuceros y piqueros que se volvían a la mar con la presa de gente y hacienda, y peleó con ellos y los desbarató y quitó la presa que llevaban. Digan lo que saben.

V. Yten, si saben etc. que andando en la escaramuza con los dichos franceses el dicho capitán fue herido con una bala que le pasó un brazo, de que estuvo a mucho riesgo de morir. Digan lo que saben.

VI. Yten, si saben etc. que al tiempo que vinieron ciertas naos de franceses por el año de sesenta y cinco a la dicha villa de San Germán, teniendo su asiento en Guadianilla, el dicho Rodrigo Ortiz Béles sirvió de alférez de la gente de a caballo estando de noche y de día, por más de veinte días, en la playa defendiendo que no saltasen en tierra los enemigos. Digan lo que saben.

VII. Yten, si saben etc. que al tiempo que los indios caribes robaron y quemaron la dicha villa de Guadianilla, por el año pasado de sesenta y siete, entre las personas que mataron y captivaron de la dicha villa llevaron y mataron un hijo del dicho Rodrigo Ortiz Béles, y le quemaron y robaron su casa y cuanto tenía. Digan lo que saben.

VIII. Yten, si saben etc. que el dicho Rodrigo Ortis Béles en todos los cargos y oficios que a Su Majestad ha servido, así de alcalde ordinario como de procurador general, y de capitán y alférez, han visto los testigos que lo ha hecho bien y fielmente y en todo ha hecho lo que debía y era obli- // [f.1526] gado. Digan lo que saben.

VIIII.   Yten, si saben etc. que el dicho Rodrigo Ortiz Béles es hombre pacífico y bien quisto en la dicha villa, y habido y tenido por cristiano viejo y provechoso en la República y persona hábil y suficiente para poder servir a Su Majestad en los oficios y cargos que en estas partes se quisiere servir. Digan lo que saben.

X.   Yten, si saben etc. que todo lo susodicho es verdad y público y notorio, y de ello hay pública voz y fama. Rodrigo Ortiz Béles.

E presentada la dicha petición e interrogatorio en la manera que dicha es, el dicho señor teniente dijo que presente los testigos de que se entiende aprovechar que su merced está presto de los mandar examinar por el tenor del dicho interrogatorio y preguntas de él, y así lo dijo y lo firmó. Francisco Ortiz.

E después de lo susodicho, en diez y seis días del mes de agosto del dicho año susodicho, y ante el dicho señor teniente y en presencia de mí, el dicho escribano, pareció presente el dicho Rodrigo Ortiz Béles, alcalde ordinario en esta dicha villa, y para la dicha información presentó por testigo a Joan López de Alizeda y a Bartolomé Cataño, vecinos de esta dicha villa, de los cuales, y de cada uno de ellos, y el dicho señor teniente tomó y recibió juramento, según forma de derecho, so cargo, del cual prometieron de decir verdad de lo que supieren en este caso de que son presentados por // [f.1526v] testigos, y a la conclusión de este dicho juramento dijeron sí juro y amén. Pasó ante mí, Gerónimo Marqués, escribano público del Concejo.

E después de lo susodicho, en diez y siete días del dicho mes de agosto del dicho año susodicho, ante el dicho señor teniente y en presencia de mí, el dicho escribano, pareció presente el susodicho y presentó por testigos a Diego González y Andrés Martín, vecinos de esta dicha villa, de los cuales, y de cada uno de ellos, el dicho señor teniente tomó y recibió juramento, según forma de derecho, so cargo, del cual prometieron de decir verdad de lo que supieren en este caso de que son presentados por testigos, y a la conclusión de este dicho juramento dijeron sí juro y amén. Pasó ante mí, Gerónimo Marqués, escribano público del Concejo.

E después de lo susodicho, en diez y nueve días del dicho mes de agosto del dicho año susodicho, ante el dicho señor teniente y en presencia de mí, el dicho escribano, pareció presente el dicho Rodrigo Ortis Béles y para información de lo susodicho presentó por testigos a Juan Gonzáles de la Cruz y a Salvador de Moya, vecinos y estantes en esta dicha villa, de los cuales, y de cada uno de ellos, el dicho señor teniente tomó y recibió juramento, según forma de derecho, so cargo, del cual prometieron de decir verdad de lo que supieren en este caso de que son presentados por testigos, y a la conclusión de este dicho juramento dijeron sí juro y amén. Pasó ante mí, Gerónimo Marqués, escribano público del Concejo.

TESTIGO. El dicho **Juan Lópes de Alizeda**, testigo presentado por el dicho Rodrigo Ortiz Béles, y habiendo jurado según // [f.1527] derecho, y siéndole preguntado por el tenor del dicho interrogatorio y preguntas del, dijo y declaró lo siguiente.

I. A la primera pregunta dijo que conoce al dicho Rodrigo Ortiz Béles de catorce o quince años a esta parte, poco más o menos.

Preguntado por las generales de la ley, dijo que es de edad de sesenta años, poco más o menos, y que es compadre del dicho Rodrigo Ortiz Béles, mas por eso no dejará de decir verdad de lo que este caso supiere.

II. A la segunda pregunta dijo que este testigo oyó decir a muchas personas que el dicho Rodrigo Ortiz Béles es natural de los Reinos de Castilla, de un pueblo que dicen el Almendralejo, que es en Extremadura, y que sabe este testigo que el dicho Rodrigo Ortiz Béles es casado con la dicha Costansa Ortiz porque este testigo los vio velar, en haz de la santa madre iglesia, y que al presente lo está.

III. De la tercera pregunta digo que la sabe como en ella se contiene porque este testigo vio lo susodicho que la pregunta dice como vecino de esta dicha villa, y como juez que a la sazón era y estaba presente en los cabildos que se hicieron en aquel tiempo.

IIII. A la cuarta pregunta digo que la sabe como en ella se contiene porque es así y pasó en presencia de este testigo y lo vio por sus ojos.

V. A la quinta pregunta dijo que la sabe como en ella se contiene porque este testigo lo vio herido y lo vio curar. // [f.1527v]

VI. A la sexta pregunta dijo que la sabe como en ella se contiene porque este testigo a la sazón era juez en la dicha villa y teniente de gobernador, y como tal teniente y juez lo eligió por alférez.

VII. A la séptima pregunta dijo que la sabe como en ella se contiene porque pasó así como la pregunta lo dice y este testigo lo vio por sus ojos.

VIII. A la octava pregunta dijo que le parece a este testigo que en todos los cargos y oficios que el dicho Rodrigo Ortiz Béles ha tenido en esta villa lo ha hecho bien y fielmente en todo aquello que era obligado.

IX. A la novena pregunta dijo que sabe que el dicho Rodrigo Ortiz es hombre pacífico y bien quisto en esta villa porque todos los vecinos le quieren bien y están bien con él, y no han habido cuestión con él ni con ellos, y que lo tiene este testigo por cristiano viejo y provechoso en esta villa y por persona hábil y suficiente para poder servir a Su Majestad en los oficios y cargos que en estas partes se quisiere servir del.

X. A la décima pregunta dijo que lo que dicho y declarado tiene es la verdad para el juramento que hizo, y firmolo de su nombre. Joan López de Alizeda. Pasó ante mí, Gerónimo Marqués, escribano público y del Concejo.

TESTIGO. El dicho **Bartolomé Cataño**, testigo presentado por el dicho Rodrigo Ortiz Béles, y habiendo jurado según derecho y siéndole preguntado por el tenor del dicho interrogatorio y preguntas del, dijo y declaró lo siguiente. // [f.1528]

I. A la primera pregunta dijo que conoce al dicho Rodrigo Ortis Béles de catorce o quince años a esta parte, poco más o menos.

Preguntado por las preguntas generales de la ley dijo que es de treinta años, poco más o menos, y que no le toca ninguna de las generales.

II. A la segunda pregunta dijo que ha oído decir este testigo, a muchas personas de su natural del dicho Rodrigo Ortiz Béles, que el dicho Rodrigo Ortiz Béles era natural de los reinos de Castilla de un pueblo que se dice el Almendralejo, que es en Extremadura, y que así mismo por una información que del Almendralejo le enviaron al dicho Rodrigo Ortiz Béles sabe que el susodicho es natural de los reinos de Castilla y del dicho pueblo, y que este testigo vio venir a esta isla al dicho Rodrigo Ortiz en compañía, y por soldado, de un general que se decía don Joan que iba a las tierras que dicen El Dorado, y el dicho Rodrigo Ortiz se quedó en esta isla y se casó con la dicha Costansa Ortiz, y al presente lo está, y este testigo los vio casar y velar a los susodichos.

III. A la tercera pregunta dijo que la sabe como en ella se contiene porque este testigo a visto servir los dichos oficios en esta villa al dicho Rodrigo Ortiz.

IIII. A la cuarta pregunta dijo que al tiempo que los dichos franceses vinieron a esta villa este testigo estaba en la ciudad de Santo Domingo, y que en la dicha ciudad de Santo Domingo oyó decir a personas que de esta villa fueron a la dicha ciudad, les oyó decir todo lo que la pregunta dice. // [f.1528v]

V. A la quinta pregunta dijo que después que este testigo vino de la ciudad de Santo Domingo a esta villa, le vio al dicho Rodrigo Ortiz la herida en el brazo izquierdo, tenelo pegado por el molledo, y que no podía ser menos sino que el dicho Rodrigo Ortiz estaría a mucho riesgo de morirse, porque este testigo oyó decir que el día que los dichos enemigos lo hirieron anduvo todo mojado.

VI. A la sexta pregunta dijo que la sabe como en ella se contiene porque este testigo lo vio por vista de ojos y pasa así como la pregunta lo dice.

VII. A la séptima pregunta dijo que la sabe como en ella se contiene porque este testigo vio por vista de ojos todo lo que la pregunta dice y pasó así como la pregunta lo declara.

VIII. A la octava pregunta dijo que le parece a este testigo que en todos los cargos y oficios que ha tenido en esta villa el dicho Rodrigo Ortiz lo ha hecho bien y fielmente y ha hecho lo que debía y era obligado.

IX. A la novena pregunta dijo que sabe que el dicho Rodrigo Ortiz es hombre pacífico y bien quisto en esta villa porque todos los vecinos de ella están bien con él, y él bien con ellos, y que no ha visto el tiempo que a que le conoce tener cuestión ninguna con los vecinos de esta villa, ni los vecinos de esta villa con él, y que este testigo tiene al dicho Rodrigo Ortiz por cristiano viejo y hábil y suficiente para poder servir a Su Majestad en // [f.1529] los oficios y cargos que en estas partes se quisiere servirse del.

X. A la décima pregunta dijo que lo que dicho y declarado tiene es la verdad para el juramento que hizo y firmolo de su nombre. Bartolomé Cataño. Pasó ante mí, Gerónimo Marqués, escribano público y del Concejo.

TESTIGO. El dicho **Diego Gonsáles**, testigo presentado en la dicha razón por el dicho Rodrigo Ortiz Béles, y habiendo jurado según derecho y siéndole preguntado por el tenor del dicho interrogatorio y preguntas del, dijo y declaró lo siguiente.

I. A la primera pregunta dijo que conoce al dicho Rodrigo Ortiz Béles de catorce o quince años a esta parte, poco más o menos.

Preguntado por las preguntas generales de la ley dijo que es de edad de cincuenta años, poco más y menos, y que no le toca ninguna de las generales.

II. A la segunda pregunta dijo que a muchas personas ha oído decir este testigo que el dicho Rodrigo Ortiz es español y natural de un lugar que dicen el Almendralejo, que es en Extremadura, y que así lo oyó decir a Miguel Sánchez, vecino que fue de esta villa, y a otras personas, y que vio este testigo venir a esta isla al dicho Rodrigo Ortiz en una armada que decían iba al Dorado, y que en esta villa se casó el dicho Rodrigo Ortiz con la dicha Costansa Ortiz y al presente lo está. // [f.1529v]

III. A la tercera pregunta dijo que la sabe como en ella se contiene porque este testigo es vecino de esta villa y ha visto por vista de ojos lo que la pregunta dice y pasa así como la pregunta lo dice.

IIII. A la cuarta pregunta dijo que la sabe como en ella se contiene porque es así y pasó en presencia de este testigo y lo vio por sus ojos.

V. A la quinta pregunta dijo que la sabe como en ella se contiene porque este testigo se halló presente al tiempo que lo hicieron, y así [mis]mo lo vio curar y estar a punto de muerte.

VI. A la sexta pregunta dijo que lo que sabe de esta pregunta es que este testigo no estaba en esta villa por el tiempo que la pregunta dice, mas que después oyó decir a muchos vecinos de esta villa todo lo que la pregunta dice.

VII. A la séptima pregunta dijo que la sabe como en ella se contiene porque pasó así como la pregunta lo dice y este testigo lo vio por sus ojos.

VIII. A la octava pregunta dijo que le parece a este testigo que en todos los cargos y oficios que el dicho Rodrigo Ortiz ha tenido en esta villa lo ha hecho bien y fielmente y todo aquello que era obligado.

IX. A la novena pregunta dijo que sabe que el dicho Rodrigo Ortiz es hombre pacífico y bien quisto en esta villa porque todos los vecinos están bien con él, y él bien con ellos, y que este testigo lo tiene por cristiano viejo y pro- // [f.1530] vechoso en esta villa y persona hábil y suficiente para poder servir a Su Majestad en los oficios y cargos que en estas partes se quisiere servir del.

X. A la décima pregunta dijo que lo que dicho y declarado tiene es la verdad para el juramento que hizo y firmolo de su nombre. Diego González. Pasó ante mí, Gerónimo Marqués, escribano público y del Concejo.

TESTIGO. El dicho **Andrés Martín**, testigo presentado por el dicho Rodrigo Ortis Béles, y habiendo jurado según derecho y siéndole preguntado por el tenor del dicho ~~pedimiento~~ interrogatorio y preguntas del, dijo y declaró lo siguiente.

I. A la primera pregunta dijo que conoce al dicho Rodrigo Ortiz Béles, vecino de esta villa, de catorce o quince años a esta parte, poco más o menos.

Preguntado por las preguntas generales de la ley dijo que es de edad de cincuenta años, poco más o menos, y que no le toca ninguna de las generales.

II. A la segunda pregunta dijo que oyó decir este testigo a parientes del dicho Rodrigo Ortiz, y a gente de su tierra, que el dicho Rodrigo Ortis era español y natural de un lugar que dicen el Almendralejo, que es en Extremadura, y que este testigo vio venir a esta isla habrá tiempo de los dichos catorce o quince años, ~~poco más~~ // [f.1530v] ~~o menos~~ lo vio venir por soldado en una armada que decían iban al Dorado, y que el dicho Rodrigo Ortis se casó en esta villa con la dicha Costansa Ortis, y al presente lo está.

III. A la tercera pregunta dijo que la sabe como en ella se contiene porque este testiguo es vecino de esta villa y ha visto con sus ojos lo que la pregunta dice.

IIII. A la cuarta pregunta dijo que la sabe como en ella se contiene porque es así y pasó en presencia de este testigo y lo vio por sus ojos.

V. A la quinta pregunta dijo que la sabe como en ella se contiene porque este testigo lo vio herido y le curó la herida hasta que sanó.

VI. A la sexta pregunta dijo que la sabe como en ella se contiene porque este testigo se halló presente a lo susodicho y pasó así como la pregunta lo dice.

VII. A la séptima pregunta dijo que la sabe como en ella se contiene porque pasó así como la pregunta lo dice y este testigo lo vio por sus ojos.

VIII. A la octava pregunta dijo que le parece a este testigo que en todos los cargos y oficios que el dicho Rodrigo Ortiz ha tenido en esta villa lo ha hecho bien y fielmente y lo que era obligado. // [f.1531]

IX. A la novena pregunta dijo que sabe en el dicho Rodrigo Ortis es hombre pacífico y bien quisto en esta villa porque los vecinos están bien con él, y él bien con ellos, y este testigo lo tiene por cristiano viejo y por hombre provechoso en esta república, y por persona hábil y suficiente para poder servir a Su Majestad en los oficios y cargos que en estas partes se quisiere servir del.

X. A la décima pregunta dijo que lo que dicho y declarado tiene es la verdad para el juramento que hizo y firmolo de su nombre. Andrés Martín. Pasó ante mí, Gerónimo Marqués, escribano público y del Concejo.

TESTIGO. El dicho **Joan Gonsáles de la Cruz**, testigo presentado por el dicho Rodrigo Ortiz Béles, y habiendo jurado según derecho y siéndole preguntado por el tenor del dicho interrogatorio y preguntas del, dijo y declaró lo siguiente.

I. A la primera pregunta dijo que conoce al dicho Rodrigo Ortiz de catorce a quince años a esta parte, poco más o menos.

Preguntado por las preguntas generales de la ley dijo que es de edad de cuarenta años, poco más o menos, y que no le toca ninguna de las generales. // [f.1531v]

II. A la segunda pregunta dijo que este testigo ha oído decir a muchas personas, y a un hermano del dicho Rodrigo Ortiz Béles, y así mismo al dicho Rodrigo Ortiz, que es natural de los reinos de Castilla y de un pueblo que dicen el Almendralejo, que es en Extremadura, y que este testigo vio venir al dicho Rodrigo Ortiz a estas partes en una armada por soldado que decían iba al Dorado, y que sabe este testigo y que sabe este testigo [sic] que el dicho Rodrigo Ortiz es casado en esta villa tiempo de los dichos catorce o quince años con la dicha Costansa Ortiz, y al presente lo es.

III. A la tercera pregunta dijo que la sabe como en ella se contiene porque este testigo es vecino de esta villa y, como tal vecino, sabe y ha visto lo que la pregunta dice.

IIII. A la cuarta pregunta dijo que la sabe como en ella se contiene porque es así y pasó en presencia de este testigo y lo vio por sus ojos.

V. A la quinta pregunta dijo que la sabe como en ella se contiene porque este testigo se halló presente en la escaramuza y lo vio herir, y después este testigo le vio en su casa al dicho Rodrigo Ortiz Béles herido y curar y llegar a punto de muerte.

VI. A la sexta pregunta dijo que la sabe como en ella se contiene porque este testigo lo vio y se halló presente en la playa // [f.1532] con el dicho Rodrigo Ortiz.

VII. A la séptima pregunta dijo que la sabe como en ella se contiene porque pasó así como la pregunta dice y este testigo lo vio por sus ojos.

VIII. A la octava pregunta dijo que le parece a este testigo que el dicho

Rodrigo Ortiz en todos los cargos y oficios que el dicho Rodrigo Ortiz ha tenido lo ha hecho bien y fielmente y hacía todo lo ~~aquello~~ que era obligado.

IX. A la novena pregunta dijo que sabe que el dicho Rodrigo Ortiz Béles es hombre pacífico y bien quisto en esta villa porque este testigo ve y ha visto que los vecinos de esta villa están bien quistos con él, y él con ellos, y que lo tiene este testigo por cristiano viejo y hombre provechoso en esta república, y por persona hábil y suficiente para poder servir a Su Majestad en los oficios y cargos que en estas partes se quisiere servir del.

X. A la décima pregunta dijo que lo que dicho y declarado tiene es la verdad para el juramento que hizo y firmolo de su nombre. Juan Gonsáles de la Cruz. Pasó ante mí, Gerónimo Marqués, escribano público y del Concejo.

TESTIGO. El dicho **Salvador de Moya**, testigo presentado por el dicho Rodrigo Ortiz Béles, y habiendo jurado según derecho y siéndole preguntado por el tenor del dicho interrogatorio y preguntas del, dijo y declaró lo siguiente. // [f.1532v]

I. A la primera pregunta dijo que conoce al dicho Rodrigo Ortis Béles de catorce o quince años a esta parte, poco más o menos.

Preguntado por las preguntas generales de la ley dijo que es de edad de cincuenta años, poco más o menos, y que no le toca ninguna de las generales.

II. A la segunda pregunta dijo que cuanto a que conoce al dicho Rodrigo Ortiz Béles este testigo le ha oído decir al dicho Rodrigo Ortiz Béles, y a otras muchas personas, que el dicho Rodrigo Ortis es natural de los reinos de Castilla y natural de un lugar que se dice el Almendralejo, que es en Extremadura, y que este testigo le vio venir a estas partes en una armada que decían iba al Dorado y el dicho Rodrigo Ortis se quedó en esta villa por estar malo, y que el dicho Rodrigo Ortis se casó en esta villa con la dicha Costansa Ortis, y al presente lo está.

III. A la tercera pregunta digo que la sabe como en ella se contiene porque este testigo a visto por sus ojos lo que la pregunta dice.

IIII. A la cuarta pregunta dijo que la sabe como en ella se contiene porque este testigo lo vio con sus ojos y pasó así como la pregunta lo dice, y este testigo era uno de los que los franceses llevaban preso y amarrado, y si no fue por la buena diligencia del dicho Rodrigo Ortiz que // [f.1533] tubo en pelear con el dicho escuadrón este testigo y los demás que llevaban los franceses lo pasaran mal.

V. A la quinta pregunta dijo que la sabe como en ella se contiene porque este testigo vio por sus ojos y pasa así como la pregunta lo dice, y después de la escaramuza que tuvo el dicho Rodrigo Ortiz con los dichos franceses lo vio en su casa herido y llegar a punto de muerte.

VI. A la sexta pregunta dijo que la sabe como en ella se contiene porque este testigo se halló presente a todo lo que la pregunta dice y lo vio con sus ojos.

VII. A la séptima pregunta dijo que la sabe como en ella se contiene porque este testigo lo vio por vista de ojos y pasa a[sí] como la pregunta lo declara.

VIII. A la octava pregunta dijo que en todos los cargos y oficios que ha tenido el dicho Rodrigo Ortis en esta villa le parece a este testigo lo ha hecho bien y fielmente y ha hecho lo que era obligado.

IX. A la novena pregunta dijo que sabe que el dicho Rodrigo Ortiz es hombre pacífico y bien quisto en esta villa porque los vecinos de ella están bien con él, y él bien con ellos, porque este testigo el tiempo que ha que que [sic] le conoce no le ha visto tener con ningún vecino // [f.1533v] cuestión alguna, ni los vecinos con él, y que este testigo lo tiene por ~~buen~~ cristiano viejo y provechoso en esta república y por hombre hábil y suficiente para poder servir a Su Majestad en los oficios y cargos que en estas partes se quisiere servir del.

X. A la décima pregunta dijo que lo que dicho y declarado tiene es la verdad para el juramento que hizo y firmolo de su nombre. Salvador de Moya. Pasó ante mí, Gerónimo Marqués, escribano público y del Concejo.

Y así hecha la dicha información en la manera que dicha es, y vista por el dicho señor teniente Francisco Ortiz, dijo que mandaba y mandó a mí, el dicho Gerónimo Marqués, escribano, que de ella saque un traslado, dos o más los que el dicho Rodrigo Ortiz Béles quisiere y hubiere menester, signados y firmados en pública forma y, en manera que haga fe, los dé y entregue al dicho Rodrigo Ortis en los cuales dichos traslados, y en cada uno de ellos, dijo e interponía e interpuso su autoridad y decreto judicial tanto cuanto podía y de derecho debía para que valga y haga fe en juicio y fuera del y lo firmó de su nombre. [rúbrica] Francisco Ortiz

E yo, Gerónimo Marqués, escribano público del Concejo de esta villa de San Germán de la Nueva Salamanca, presente fui a todo lo que dicho es y de pedimiento del dicho Rodrigo Hortiz de mandamiento del dicho señor teniente lo hice escribir, por ende, hice aquí este mío sino a tal.

>En testimonio de verdad,
>Gerónimo Marqués
>Escribano público del Concejo.
>// [f.1534]

[sin foliación]
Rodrigo Ortiz Vélez

Señor Ledesma.
Suplica atento a lo que refiere se le haga merced del oficio tesorero que está vaco en Cabo de la Vela y del que se hubiere de proveer en Santo Domingo o en Jamaica.

Señor [...] López de García
Al memorial.
En merced
a diez y siete de septiembre de 1579

Documento nº 3

Deposición de Rodrigo Ortiz Vélez en su Juicio de Residencia* (traslado)
11-12 de agosto de 1594, San Juan, Puerto Rico.
AGI, Escribanía, 133B, Pieza 8

En la ciudad de Puerto Rico, en once días del mes de agosto de mil y quinientos y noventa y cuatro años, don Pedro de Castilla Cabeça de Baca, juez de residencia en lo tocante a los oficiales reales y sus tenientes, hizo parecer ante sí a Rodrigo Hortiz Béles, teniente de contador en la villa de San Germán de Salamanca, para le tomar su confesión en razón de la dicha residencia. Y para ello fue tomado y recibido juramento del sobredicho en forma de derecho, y habiendo jurado le fueron hechas las preguntas siguientes:

1. Preguntado, ¿cómo se llama, y qué edad tiene, y si ha usado el oficio de teniente de contador en la dicha villa de San Germán, y de qué tanto tiempo a esta parte? *Dijo que se llama Rodrigo Hortiz Vélez y que es de edad de cincuenta años, poco más o menos. Y que es verdad que ha usado el oficio de tal teniente de contador en la dicha villa de San Germán más de seis años, poco más o menos, y esto responde a esta pregunta.*

2. Preguntado que diga y declare, ¿si es verdad que teniendo oficio obligación, como tal te- // [f.66v] niente de contador y oficial real, de tener una caja con sus llaves y cerraduras diferentes, él y su compañero tener cada uno la suya la cual dicha caja había de tener en las casas reales de aquella villa, no lo ha hecho ni cumplido así antes no ha tenido, ni tiene, la dicha caja ni llaves ni orden ni institución para usar sus oficios? *Dijo que a más de treinta años que está en la dicha villa y nunca ha visto caja ni llaves. Y así es verdad que no ha tenido la dicha caja, ni llaves, ni instrucción ninguna para usar el dicho oficio por no se la haber dado el contador que fue el que le nombró, aunque se la pidió, y esto responde de lo que se le pregunta.*

---

* Este documento es también presentado aquí con la puntuación y ortografía alterada en su forma moderna para facilitar su lectura. Sólo se han excluido algunas de las notas al margen de los folios a causa de su redundancia.

3. Preguntado diga y declare, ¿si es verdad que él y el dicho tesorero, su compañero, no ha tenido libro aparte donde escribir ni asentar y hacer cargo al dicho tesorero de todo lo que ha recibido así de alcances que haya sido hecho a los que han tenido a cargo la Hacienda Real como de lo que nuevamente ha entrado en su poder por razón de los derechos que pertenecen al rey, Nuestro Señor, en aquella villa poniendo y declarado cada cosa por sí, especificadamente, qué es y cuándo los recibió? *Dijo que por lo que a él le toca después que usa el oficio tiene un librito de cuartilla pequeño sin encuadernar que tiene doce hojas de la dicha cuartilla en el cual ha hecho cargo al tesorero en lo que en su tiempo ha caído por hacienda real.*

Y fuele preguntado por el dicho juez que diga y declare, ¿si es verdad que teniendo obligación el día que entró a servir el dicho oficio de buscar y pedir // [f.67] y tener en su poder el libro, o libros, de la Hacienda Real que quedaron por fin y muerte de Pedro Hernández Camacho, teniente que fue de contador, su antecesor, qué causa tubo para no lo haber hecho? O si los tiene lo diga y declare y exhiba ante él. *Dijo que es verdad que cuando este confesante entró a servir el dicho oficio pidió al dicho Pedro Hernández Camacho, que entonces era vivo, le diese el libro de cargo y orden e instrucción que tenía el cual no le dio nada porque dijo que había venido a esta ciudad y dado cuenta al contador, Francisco Rodríguez, que le nombró en el dicho oficio, y le había dejado un libro chiquito que de la dicha cuenta tenía, y que este confesante es verdad no ~~manda~~ trató más de ello porque no llevaba poder para tomarle cuenta, y esto respondió a esto que se le pregunta.*

4. Preguntado que diga y declare, ¿si es verdad que el dicho teniente de tesorero, su compañero, no ha tenido libro aparte para le hacer cargo al dicho tesorero de todo lo que ha cobrado en cada un año y pertenece al rey, Nuestro Señor, conforme a las mercedes que en esta isla y tierra ha hecho así de hacienda y granjerías como de otros cualesquier provechos que haya habido en la Hacienda Real, y el asiento y relación no lo ha firmado el dicho contador ni tesorero en el libro del dicho contador ni del dicho tesorero que para ello se le manda tengan? *Dijo que es verdad y confiesa que no ha tenido otro libro más del que tiene dicho.*

5. Preguntado que diga y declare, ¿si es verdad que él // [f.67v] y el dicho teniente de tesorero no han hecho cargo al dicho teniente de tesorero para que cobrase el quinto que pertenece al rey, Nuestro Señor, de todos los resgates [sic], entradas y contrataciones que en el puerto de aquella villa se han hecho por cualesquier personas y gente que en la dicha villa está, y allí han venido conforme a las instrucciones y ordenanzas y provisiones y mercedes del rey, Nuestro Señor? *Dijo que la ropa que va aquella villa va despachada y paga los derechos así de esta ciudad como de la de Santo Domingo, y así no ha tenido necesidad de hacerlo lo que le es preguntado.*

6. Preguntado que diga y declare, ¿si es verdad que él y como tal teniente de contador no ha hecho cargo a el dicho tesorero de todo lo que han valido los derechos y rentas de almojarifazgos, y otras cualesquiera, sentando lo que montan los dichos derechos de todas las mercadurías que a aquella villa han venido en cada navío, y de qué personas y cuánto se ha de cobrar y pagar de cada uno haciendo copia de todo lo que montare la cual como tal contador no ha dado firmada de su nombre al dicho tesorero lo que las dichas mercadurías han valido para que tuviese lugar de cobrar los dichos maravedís en ella contenidos de las personas que los debiesen después de avaliadas las tales mercadurías? *Dijo que en la dicha villa donde este confesante es tal teniente de contador, por no haber mercadurías venidas de fuera de que se deban pagar almojarifazgos, porque cuando las llevan van despachadas por los oficiales, y así no ha habido necesidad de hacer ni cumplir lo contenido en la pregunta.* // [f.68]

7. Preguntado que diga y declare, ¿si es verdad que estando obligado este confesante como tal teniente de contador a notificar al dicho teniente de tesorero el cargo que le hacía y darle copia de ello firmada de su nombre para que él la tuviese y la firmase en su libro el dicho cargo poniendo especificadamente lo que recibiese, y cobrase y hubiese de cobrar de los dichos derechos y rentas y contrataciones pertenecientes al rey, Nuestro Señor, y el día, mes y año en que le entregó las dichas copias para que cobrase y claridad de todo, no lo ha hecho, ni cumplido; así antes entregó como tal contador al dicho Pedro Méndez de los Ríos, tesorero, mucha cantidad de dineros que había de condenaciones sin que se asentasen

por el uno ni el otro el cargo ni el recibo de el tal dinero, que diga y declare qué dineros fue éste y de dónde procedió y qué se ha hecho de él? *Dijo que este confesante niega lo que se le pregunta. Y que en lo que toca a la copia y cargo este confesante ha hecho todo lo contenido todo lo contenido* [sic] *en la pregunta sin exceder en nada de lo que le es preguntado.*

8. Preguntado que diga y declare, ¿si es verdad que este confesante y el dicho teniente de tesorero no han tenido cargo y libro aparte en que asentar los libramientos que se han dado al pie de la letra, y a qué personas se dan y de cantidad son y cada género de libramiento por su parte para el descargo del dicho tesorero para que tu- // [f.68v] viese cuenta clara para que cuando conviniese pudiese averiguar los libramientos de manera que el dicho su libro respondiese a el del dicho tesorero, y no pudiese haber ningún fraude y se pudiese averiguar y saber la resta que quedaba en su poder del dicho tesorero sin que hubiese necesidad de adquirir ni trabajar? *Dijo que es verdad este confesante no ha tenido libro de libramientos en que los asentar conforme a lo que le es preguntado. Y que la causa de ello es no haber para qué tenerlo porque en aquella villa no se paga, ni libra nada, y que después que usa el oficio nunca se ha librado sino un mandamiento para que de la caja se pagasen a un Alonso Gonçales cuatrocientos reales, y que es verdad que este dicho mandamiento en que se libró la dicha paga no lo asentó ni escribió por no tener libro en qué lo escribir ni asentar ni saber si era obligado a lo hacer.*

9. Preguntado que diga y declare, ¿si es verdad que teniendo él y el tesorero, su compañero, obligación conforme a un capítulo de instrucción y de los oficiales reales de no tratar ni contratar directa ni indirectamente en mercadurías, ni otras cosas algunas por sí, ni en compañía de otros, ni por interpósitas personas, pública ni secretamente, ni tener parte en ninguna armada, ni armadas, que se han hecho en esta tierra, ni en otra parte alguna para descubrimiento o rescate o contratación, ni por ninguna vía, ni arte, ni color, so pena de muerte y de perdimiento // [f.69] del dicho oficio y de todos sus bienes, no lo ha hecho ni cumplido así antes contraviniendo a lo susodicho vende, trata y contrata públicamente en mercadurías que le vienen de España como mercader público y en otras mercadurías porque envía a Santo Domingo y le llevan de

esta ciudad de Puerto Rico? *Dijo que en todos los días de su vida este confesante ha oído lo que se le pregunta. Y que es verdad que este confesante antes y después que es teniente de contador en aquella villa envía ciento o doscientos cueros a Castilla y le vuelven el retorno en mercadurías para su casa, y lo que le sobra de ellas vende a los vecinos de aquella villa, a los que tienen necesidad de ello, a trueque de cueros y ganado y cuartos. Y que este confesante niega haberle llevado ropa de esta ciudad sino es la que le traen de España, y así mismo niega haberle traído mercadurías de Santo Domingo en todo el tiempo que es teniente de contador, pero este confesante nunca ha sabido que tenga la dicha pena por la dicha razón porque si los supiera no tomara el oficio.*

10. Preguntado que diga y declare, ¿si es verdad que él y el dicho tesorero, su compañero, no han acudido, ni acuden, con la obligación y diligencia que deben a procurar e inquirir y saber lo que se debe a la Hacienda Real por los otros tenientes que antes de ellos han sido o por otras personas antes no han hecho, ni cumplido, en todo lo que son obligados? *Dijo que este confesante ha hecho él y el dicho tesorero, su compañero, en este particular //* [f.69v] *toda la diligencia que está obligado.*

11. Preguntado que diga y declare, ¿si es verdad que él y el dicho teniente de tesorero no han tenido, ni tienen, libro de acuerdo en que asentar lo que entre ellos se acuerda tocante y anejo a los dichos sus oficios señalando día, mes y año, como el rey, Nuestro Señor, se lo manda? *Dijo que nunca han llegado a noticia de este confesante que tenga obligación de tener libro de acuerdo, ni tal ha oído hasta hoy.*

12. Preguntado que diga y declare, ¿si es verdad que él y el dicho tesorero, su compañero, en el sacar de el oro, plata, perlas, joyas y otras cosas que se hayan sacado de la Caja Real no lo han hecho con orden ni en presencia de ambos, ni las pagas que han hecho no las han hecho con las dichas asistencia de ambos a dos, sino cada uno de por sí, ni asentádose en los libros que para esto han sido obligados a tener no lo han firmado en ellos como el rey, Nuestro Señor, se lo manda? *Dijo que ya tiene dicho este confesante que no tienen caja y no habiéndola, ni oro, ni plata que meter en ella no habido para qué hacer lo que se le pregunta. Y que una paga que se hizo de cuatrocientos reales no*

hubo otra diligencia más de tomar carta de pago de la parte que los recibió, y que esta orden se ha guardado en aquella villa.

13. Preguntado que diga y declare, ¿si es verdad este confesante y el dicho tesorero, su compañero, han pagado, gastado o librado de la Hacienda Real alguna cosa sin cédula y Carta Real expresa // [f.70] para ello? *Dijo que lo niega y que no ha pagado ninguna cosa de lo que se le pregunta sin la orden dicha.*

14. Preguntado que diga y declare, ¿si es verdad que él y el dicho teniente de tesorero, o el tesorero en particular, no han metido en la Caja Real la hacienda del rey, Nuestro Señor, que han cobrado dentro de segundo día asentándolo por sus partidas en los dichos libros, como está obligado, antes contraviniendo a ello ha consentido y dado lugar a que lo que cobraba Pedro Méndez de los Ríos por hacienda real no lo metiese en la caja y, compraba con ello ganado que traía a vender a esta ciudad de Puerto Rico, y particularmente cobró ciertas deudas de Diego de Figueroa y Juan Sánchez Hortiz, y de lo procedido de Juan Aquete y Lorenzo, franceses? *Dijo que este confesante no sabe nada de lo que se le pregunta.*

Y fuele preguntado que pues que como tal teniente de contador está obligado a inquirir y saber todo aquello que pertenece a la Hacienda Real, ¿qué causa ha tenido para ignorar esto y no haber hecho de todo ello cargo a el dicho tesorero? *Dijo que no puede haber deuda que se deba a la Hacienda Real que este confesante no sepa sino es que haya sido de lo procedido de un negro que siendo alcalde Pedro Méndez, que de presente usa el oficio de tesorero, halló él y Francisco Rosado, escribano de aquella villa,* // [f.70v] *viniendo de Culebrinas, y que este negro se denunció de él y se vendió, y después el gobernador Menéndez lo mandó dar a Francisco Machado, porque dijo era suyo, y que si allá hubo algún concierto entre ellos este confesante no sabe nada.*

Y fuele preguntado, ¿qué concierto pudo haber entre los referidos que este confesante no tuviese obligación de lo saber siendo cosa justa y que perteneciese al rey, Nuestro Señor? *Dijo que dice lo que dicho tiene, y que al rey, Nuestro Señor, le quitó el dicho negro y no sabe otra cosa.*

15. Preguntado que diga y declare, ¿si es verdad que por razón de no haber tenido, ni tener, los libros que están obligados, o por otra cualquiera, hayan usurpado alguna hacienda real o hayan hecho o cometido algún delito, o delitos, en daño o perjuicio de la Hacienda Real, o de otra cualesquier personas, o si es verdad que no hayan aplicado al rey, Nuestro Señor, y su cámara, las mercaderías que hayan venido sin registro, y que en la cobranza de los almojarifazgos haya hecho algún fraude, dolo o engaño o haya recibido por sí, o por interpósitas personas, algunas cohechos de cualquiera manera que sea? *Dijo que lo niega y que no pasa* que sea *tal.*

16. Preguntado que diga y declare, ¿si es verdad que él y el dicho tesorero hayan comprado más barato que por el avalío que avalían las mercadurías, hoy han dado lugar a que el escribano, que ante ellos hacía algunos negocios, llevase más derechos de los que le pertenecían conforme al arancel? *Dijo que la niega y no* // [f.71] *y no* [sic] *pasa tal.*

17. Preguntado que diga y declare, ¿si es verdad que él y el dicho teniente de tesorero no han tenido orden en el proceder en sus oficios para el despacho de la gente de la mar, como para abrir la caja para meter la dicha hacienda real, como para otros negocios tocantes a sus oficios de que dependa de ellas el despacho? *Dijo que en la parte y lugar donde este confesante ha visto no van sino son barcos que van de Santo Domingo y de esta ciudad, y que con estos no hay que tratar de semejante despacho y que cuando se ofrece en que hacer lo que están obligados.*

Preguntas añadidas

Preguntado por la primera pregunta añadida del interrogatorio le fue preguntado que diga y declare, ¿si es verdad que el dicho Pedro Méndez, teniente de tesorero, habiendo llegado allí un navío arribado de Simón Rodríguez Mantua con un armazón de negros, y habiéndolo dado por bien arribado, le avaliaron los negros y por el avalío le tomaron once o trece negros, y así pusieron en el margen del proceso do[nde] decía tomase por el avalío? ¿Y si es verdad que para lo tomar por el dicho avalío los avaliaron menos de su justo valor? *Dijo que es verdad que este confesante y el dicho tesorero, sin saber si lo podían hacer o no, los avaliaron y por el avalío le tomó este confesante tres negros por el dicho avalío, pero que no sabe cuántos negros tomó el dicho Pedro Méndez, tesorero, de la dicha armazón. Y que después vino declarado,* // [f.71v] *por mandado de los señores presidentes y oidores de la Audiencia Real, que no habían podido hacer la dicha avaliación, y se dio por ninguna, y visto esto le volvió este confesante y el dicho Pedro Méndez sus negros al dicho Mantua.*

Preguntado diga y declare, ¿si es verdad que estándose haciendo en la plaza de aquella villa cierta almoneda de cierta ropa que se tomó por perdida a los indios de la Mona este confesante echó a Marcos de Silba para por su mano sacase cierto tafetán negro que estaba en la dicha almoneda y, en efecto, se remató en el dicho Marcos de Silba para este confesante, y las llevó no pudiéndolo hacer y estando como tal contador en la dicha almoneda en nombre del rey, Nuestro Señor? *Dijo que lo niega y no pasó tal. Y que un pedazo de tafetán que allí hubo en la dicha almoneda se remató en el dicho Pedro Méndez el cual lo llevó.*

Preguntado que diga y declare, ¿si es verdad que siendo este confesante teniente de tal contador, y estando el propio como tal haciendo un almoneda en la dicha villa de unos negros del rey, Nuestro Señor, hizo que un yerno suyo, Antón Rodríguez, le sacase dos o tres esclavos los cuales tiene en su poder en la una de las cuales dio por el tanto a Antonio Mercado, porque la había puesto en la dicha almoneda? *Dijo que es verdad que este confesante sacó de esta almoneda dos negras viejas pero que esta almoneda no se hacía por bienes del rey, Nuestro Señor, sino por bienes de los* // [f.72] *contratadores de unos negros que vinieron en la nao de Mantua; que este confesante no asistía a ella sino el alcalde Pedro Méndez ante quien se había hecho dejación. Y que es verdad que la una de ellas dio a Antonio Mercado por el remate.*

Segundas añadidas

Preguntado por la segunda pregunta de las segundas añadidas, ¿si es verdad que habiendo dejado los franceses en el puerto del Arroyato, que es en la jurisdicción de Guadianilla, un navío cargado de vino, harinas, aceites, higos, almendras, pasas y otras cosas este confesante siendo tal contador y el dicho Pedro Méndez, tesorero, fueron al dicho navío y sacaron de él muchas cosas y lo traían a sus casas y se aprovecharon de ello, y en el almoneda que después se hizo de las mercadurías del dicho navío echaron sacadores que le sacaron vino y aceite y otras cosas? *Dijo que lo niega y que no pasa tal. Y que lo que tiene dicho y declarado es la verdad, y lo que pasa para el juramento que tiene dicho hecho a que se afirma y ratifica y que lo demás niega.* Y lo firmó de su nombre. Don Pedro Castilla Cabeça de Vaca. Rodrigo Hortiz Bélez. Ante mí, Pedro de Henao, escribano.

En la ciudad de Puerto Rico, en doce días del mes de agosto de mil y quinientos y noventa y cuatro años, don Pedro de Castilla Cabeça de Vaca, juez de comisión y residencia por el rey, Nuestro Señor, en esta ciudad e isla, en lo tocante a los oficiales reales, para que reconociese un libro de cuartilla de papel sin encuadernar que ante él exhibió Rodrigo Hortiz Béles, teniente de // [f.72v] contador de la villa de San Germán, le hizo llamar y parecer ante sí, de el cual fue tomado y recibido juramento en forma de derecho. Y después de haber jurado le fueron hechas las preguntas siguientes:

Preguntado diga y declare, ¿si es verdad que es suyo? Y él trajo y exhibió ante el dicho juez el libro que le fue mostrado de cuartilla de papel sin encuadernar que tiene once hojas de la dicha cuartilla, y tiene por principio del: «Libro y cuenta de los cargos que yo Rodrigo Hortiz, contador en esta villa de San Germán, la voy haciendo a Pedro Méndez de los Ríos tesorero de la dicha villa». *Dijo que es verdad que el dicho libro referido es suyo, y por tal lo reconocía y reconoció.*

Preguntado que diga y declare, ¿si es verdad que luego, sucesivamente, están tres partidas las dos de ellas sin día, mes, ni año y la otra tiene día, mes y año, y está firmada del dicho Rodrigo Hortiz Bélez y Pedro Méndez de los Ríos, los cuales son de cargo que hizo al dicho tesorero? *Dijo que es verdad que están las dichas partidas de la manera que se le pregunta, aunque la postura de las dichas partidas dice, y da a entender, que todas se hicieron en un día.*

Preguntado que diga ~~denuevo~~ y declare, ¿si es verdad que a la segunda hoja del dicho libro, y hasta la prostera [sic por postrera] hoja del dicho libro, hay cuarenta y dos partidas entre las demás que en el dicho libro están que están por firmar siendo partidas de el cargo que hace // [f.73] al dicho tesorero, y debiendo de tenerlas del, las cuales están sin día, mes, ni año? *Dijo que es verdad lo que se le pregunta, pero que la causa de estar así es que todas las partidas del cargo que hay de una firma a otra son todas hechas en un mismo día, y así la prostera [sic] de ellas donde se firmaba y está firmada se puso el día, y éste sirve para todas las que están sin firmar ni día.*

Preguntado que diga y declare, ¿si es verdad que sabiendo como sabe estaba obligado a tener firmada cada partida de cargo y puesto en cada una, día, mes y año, y tener un libro grande de hoja de papel encuadernado y cortadas las hojas de el dicho libro, y puestas por juez y escribano que de ello diese fe rubricado cada una de las dichas hojas, qué causa ha tenido o por qué razón lo ha dejado de hacer así? *Dijo que es porque este confesante no ha sabido, ni enten[di]do, ni oído tal cosa en su vida, y que lo que dicho tiene y declarado es la verdad, y lo que sabe y pasa para el juramento que tiene hecho en que se afirma y ratifica.* Y lo firmó de su nombre, *y que es de edad de cincuenta años, poco más o menos.* Don Pedro de Castilla Cabeça de Vaca. Rodrigo Hortiz Bélez. Ante mí, Pedro de Henao, escribano.

[…] // [f.73v]

Documento nº 4

Testimonio de Rodrigo Ortiz Vélez en el juicio de Juan Rodríguez de Olivencia

21 de julio de 1596, San Juan, Puerto Rico.
AGI, Escribanía, 133B, Pieza 3

Por las preguntas siguientes sean examinados los testigos que presentará Juan Rodríguez de Olivencia, vezino de la villa de San Jermán, en la causa que de officio contra él trata el señor licenciado Fernando de Varela sobre tres esclavos que compró de la armazón que llevó Simón Rodríguez de Mantua a la dicha villa.

1. Primeramente, sean preguntados los testigos si conoscen a los con[tenidos] en la cabeça deste ynterrogatorio y tienen noticia desta causa.

2. Si saben que al tiempo que yo, el dicho Juan Rodríguez de Olivencia, compré en la dicha [villa] de Sant Jermán dos negras, de las que hizo dexación BaltasarФерná[ndez], eran viejas de más de sesenta años y tenían las bocas comidas de [lla]gas, comidas de cáncer y se estavan muriendo, y eran de las que llaman alma en boca, por lo qual se me remataron en veinte y seys ducados. Y saben los testigos que no valían más, ni avía quién quisiese dar dinero [...] porque se entendió siempre que, en moviéndolas del lugar donde estavan en la mar para llevarlas al pueblo, que ay seys leguas, se avían de morir. Y saben así mismo que luego se murió la una de las dichas negras y la otra quedó tal que en más de dos años no fue de provecho y que an[sí] al presente es de muy poco, y en la cura y beneficio della e gasta[do] más de lo que vale.

3. Si saben que al tiempo que compré las dichas dos negras y otro negro de Simón Rodríguez Mantua, que vinieron juntos en su armazón, la avían dado por bien arribada los officiales reales de la dicha villa y dado licencia para que se vendiesen los esclavos della, y que en virtud de la dicha licencia y despacho de los dichos officiales reales compré las dichas tres pieças por ver que públicamente se vendían y con autoridad de justicia, y que los demás vezinos de la dicha villa

compravan los esclavos que querían. Y saben así mismo que al tiempo que el teniente Benito de la Cruz fue desta ciudad y de officio, revocó el auto de los dichos officiales reales y mandó que la dicha armazón siguiese su viaje, avía yo comprado las dichas tres pieças más avía de quinze ducados.

4. Si saben que respecto a las razones referidas en las preguntas antes desta, no se siguió daño en la dicha compra y venta de las dichas dos esclavas al dueño dellas // [f.31], así por estar tan enfermas que luego como dicho es, murió la uno, como porque si se beneficiara y curara la que quedó biva por quenta de cuya era se uviera muerto como la otra porque no uviera en la dicha villa quién se quisiera hazer cargo della y curarla como yo la curé.

[5.] [Si sa]ben que al tiempo que yo hize la dicha compra de los dichos tres esclavos no se sabía en la dicha villa que en razón de las dichas arribadas uviese ordenanças reales, así las del año de noventa y uno como otras algunas, por estar la dicha villa en la tierra adentro en parte donde no ay trato ni comercio con gente de fuera que nos pudiese dar noticia de las dichas ordenanças, ni a ella las enbió el rey, Nuestro Señor, ni xamás enbía cédulas reales, ni da avisos a las justicias y officiales reales de la dicha villa.

[6.] Si saben que todo lo susodicho es verdad, público y notorio y pública boz y fama.

[rúbrica] Juan Rodríguez [rúbrica]   El Bachiller Pedro García Oyón [rúbrica]
de Olivencia

[...] // [f.31v]

[...]

En la çiudad de San Juan de Puerto Rico, a beynte y un días del mes de julio de mill e quinientos y noventa y seis años, yo Francisco Básquez Maçías, escribano del rey, Nuestro Señor, en cumplimiento de la comiçión a mi dada por el señor lisenciado Fernando Varela, fui a la Fortaleza de esta çiudad a donde hallé preso a **Rodrigo Ortiz Vélez**, vezino de la villa de San Germán, testigo presentado por parte de Juan Rodríguez de Olivençia, del qual reçibí juramento en forma de derecho, y él lo hizo y prometió de deçir verdad. Y después de haber jurado, y siendo preguntado por el tenor de las preguntas del ynterrogatorio, dixo lo siguiente:

I. A la primera pregunta dixo que conose a el dicho Juan Rodríguez que lo presenta por testigo y tiene noticia de este pleyto y causa.

Generales. Preguntado por las generales de la ley dixo que es de edad de çinquenta y seis años, poco más o menos, y no le toca ninguna de las generales eçeto ser conpadre del dicho Juan Rodríguez, pero por esto, ni por otra cosa, dejará de deçir verdad.

II. A la segunda pregunta dixo que lo que de la pregunta sabe es que al tienpo y quando el dicho Juan Rodríguez de Olivençia conpró en la dicha villa de San Germán las dichas negras de que hizo dexaçión Baltasar Fernández, contenido en la pregunta, eran muy biejas, al pareser de más de sesenta años, las quales tenían las bocas dañadas y comidas de llagas y cáncer y muy flacas, y eran de las que llaman alma en boca. Y estavan tales que no pudieron yr a caballo, sino en una escalera en dos caballos a manera de leytera, por las quales el dicho Juan Rodríguez en almoneda pública dio beynte y seis ducados por ellas, que este testigo no los diera por ellas, ni más ningunos, porque no tenían ningún balor por estar de la forma // [f.34] arriba referido. Y ansí se le murió luego la una a el dicho Juan Rodríguez y la otra quedó tal que gastó más en curalla de lo que agora vale, porque en más de dos años no fue de provecho y al presente le dé muy poco. Sábelo este testigo porque lo a visto ansí ser y pasar como la pregunta lo declara, y esto rresponde a ella.

III. A la tercera pregunta dixo que lo que sabe de la pregunta es que al tienpo y quando el dicho Juan Rodríguez de Olibençia conpró las dichas negras referidas en la pregunta antes de ésta, y un negro de

Simón Rodríguez Mantua que binieron juntos en su armaçon, abran dado por bien arrivados los officiales reales de la dicha villa de San Germán, que fueron este testigo y Pedro Méndez del Río, y le abían dado lisençia para que se bendiesen los dichos esclavos de la dicha armaçon con que pagase los derechos que pertenesian al rey, Nuestro Señor. Y ansí en virtud de la dicha lisençia se bendieron los dichos esclavos públicamente por autoridad de justicia como lo hisieron los demás vezinos de la dicha villa que conpraron esclavos. Y después de haber pasado lo susodicho, fue de esta çiudad Benito de la Cruz, que haçía offiçio de tiniente de gobernador, y los officiales reales de esta çiudad el qual dicho Benito de la Cruz a cavo de quince días rebocó el auto que abía pronunçiado este testigo como offiçial real y el dicho Pedro Méndez, y les mandó a el dicho Simón Rodríguez y sus conpañeros seguir su viaje según que de los autos que sobre lo sobredicho pasaron a que este testigo se remite y refiere. Y esto rresponde a la pregunta.

IV. A la quarta pregunta dixo que, respec[to] de las raçones referidas en las preguntas antes de ésta por este testigo, sabe que no se le siguió ningún daño ni per[juicio] // [f. 34v] a el dicho Baltasar Fernández o a cuyos eran [...] por estar enfermas como por estar en la playa seis leguas del pueblo a donde se llebaron, que sino fuera el gran benefiçio que el dicho Juan Rodríguez les hizo no escapara ninguna porque se murieran, que ninguno se abía de querer encargar dellas, ni curallas, como hizo el dicho Juan Rodríguez. Y esto dise a esta pregunta y lo rresponde a ella.

V. A la quinta pregunta dixo que de más de treynta años a esta parte que a que este [testigo] bive en la dicha villa de San Germán nu[nca] a visto que en raçon de las arrivadas ubiese ordenanzas reales en la dicha villa, ansí las del año de noventa y [uno] como otras algunas, porque la dicha villa está en la tierra dentro en parte donde no ay trato, ni comerçio de gente de fuera que les pudiese dar notiçia de las dichas ordenansas, ni a visto que a la dicha villa las aya enbiado el rey, Nuestro Señor, ni jamás enbían çédulas reales, ni da abisos a las justiçias y offiçiales reales de la dicha villa. Sábelo este testigo como hombre que a sido teniente de gobernador, alcalde ordinario y regidor y teniente de tesorero en la dicha villa y persona que ha visto, y be, todos los papeles que trean a el pueblo y nunca tal a visto, sabido, ni entendido. Y si ay ordenanças [o] çédulas de Su Magestad a ellas se rremite y refiere. Y esto dise a esta pregunta y lo rresponde a ella.

VI. A la sesta pregunta dijo que dise lo que dicho tiene en las preguntas antes desta lo cual es público y notorio y pública vos y fama y la verdad para el juramento que hizo, leyosele su derecho y ratificose en él y lo firmó.

Rodrigo Ortiz Béles [rúbrica]   Francisco Vázquez [rúbrica]
                                                      Escribano
                                                               / / [f.35]

Documento nº 5

Declaración y Probanza de Rodrigo Ortiz Vélez en su juicio de contrabando
3-14 de agosto de 1596, San Juan, Puerto Rico.
AGI, Escribanía, 133B, Pieza 8

En la çiudad de Puerto rrico a tres días del mes de ~~julio~~ agosto de mill y quinientos y noventa y seis años, ante el señor licenciado Fernando Varela, juez por Su Magestad, la presentó Rodrigo Ortiz Vélez y un interrogatorio que todo es del tenor siguiente.

Rodrigo Ortiz Vélez, vezino de la villa de Sant Jermán, en la causa de officio Vuestra Merced contra mí trata sobre la denunciación de las mercadurías que truxeron los yndios de la ysla de la Mona, respondiendo a los cargos que sobre lo susodicho se me han fecho, digo que Vuestra Merced me ha y deve dar por libre dellos, por lo que ay de derecho en mi favor y lo siguiente.

Lo primero, por lo general que e aquí por expresso.

Lo otro, no obsta el cargo que se me haze de aver adjudicado las dichas mercadurías por tercias partes, para la cámara del rey, Nuestro Señor, y para mí como juez que fuy, y para el denunciador. Porque el averlo hecho así fue por venir las dichas mercadurías sin registro ni despacho, y hallarse en poder de los dichos yndios.

Y menos obsta el cargo que se me haze diziendo que la tercia parte de las dichas mercadurías que perteneció al Rey, Nuestro Señor, se vendió en baxos precios, y que en la almoneda dellas tomé muchas cosas para mí. Porque hallará Vuestra Merced que la dicha almoneda se hizo sin fraude alguno, en la plaça pública de la dicha villa de Sant Jermán, y todo lo que en ella se remató fue por su justo valor y precio, y algunas cosas en más de lo que valía por estar como estuvo presente mucha gente que a porfía puxava en la dicha almoneda. Y tres camisas y una casaca de tafetán y tres piedras verdes y una colorada que en la partición cupieron al rey, Nuestro Señor, de su tercia parte, por no aver quién las comprase entraron en mi poder, por ser como era teniente de contador, y las e tenido hasta agora, por no averlas querido recibir al tiempo que tomó quenta y residencia de mi oficio don Pedro de // [f.35] Castilla, juez de comissión por el rey, Nuestro Señor. Y la dicha tercia parte que me cupo como a juez que sentencié la causa conforme parec[e] en la dicha partición, está así mismo en mi poder en los propios géneros que se repartieron. Y no se provará, ni averiguará que yo, ni otro por mí, sacase cosa alguna de la dicha almoneda. Y sobre lo tocante a esta dicha denunciación me hizo cargo el dicho don Pedro de Castilla, y me condenó por este artículo en cierta cantidad [de] dineros, como consta del processo de las dichas quentas y residencia que está en poder del presente escribano, al qual pido a Vuestra Merced mande sa[car] un testimonio del cargo y sentencia que sobre este artículo me hizo el dicho don Pedro de Castilla, y lo ponga en esta causa, que desde luego hago del presentación. Y siendo como es así, conforme a derecho, no puedo ser convencido, ni se me puede hazer cargo en dos tribunales por una misma cosa.

Por todo lo qual pido y suplico a Vuestra Merced me absuelva y dé por libre de los dichos cargos y pido justicia y para ello, etc.

Otrosí, hago presentación deste ynterrogatorio por el qual pido y suplico a Vuestra Merced mande se examinen los testigos que en la dicha razón presentaré y para ello, etc.

Rodrigo Ortiz Vélez [rúbrica]   El Bachiller Pedro García Oyón [rúbrica]

[...] // [f.35v]

[...]

Por las preguntas siguientes sean examinados los testigos que fueren presentados por parte de Rodrigo Ortiz Vélez, vezino de la villa de San Jermán, en la causa que de officio contra él trata el señor licenciado Hernando de Varela, juez de comisión por el rey, Nuestro Señor, en razón de la denunciación que hizo Alonso González, vezino de la dicha villa, de las mercadurías que a ella truxeron los yndios de la ysla de la Mona.

1. Primeramente, sean preguntados por el conocimiento de los contenidos en la cabeça deste ynterrogatorio y noticia desta causa.

2. Yten, si saben etc. que en la almoneda que se hizo de las dichas mercadurías en la dicha villa de Sant Jermán no uvo fraude contra la Real Hazienda, y que las cosas que se vendieron en la dicha almoneda fueron por su justo valor y precio, y muchas dellas por muy excessivos precios, por hallarse como se halló presente mucha gente, que a porfía puxava en la dicha almoneda.

3. Si saben etc. que el dicho Rodrigo Ortiz Vélez no sacó cosa alguna de la dicha almoneda, por sí ni por ynterpósita persona, ni quedó en su poder más que la tercia parte de las dichas mercadurías que le cupieron del tercio que se adjudicó como juez que sentenció la causa. Y así mismo tres camisas y una casaca de tafetán y tres pedreçuelas verdes y una colorada que fueron del tercio de la cámara de Su Magestad. Lo qual saben los testigos que entró en poder del dicho Rodrigo Ortiz por ser teniente de contador y no aver querido ninguna persona comprar nada dello en la dicha almoneda.

4. Yten, si saben etc. que al tiempo que don Pedro de Castilla juez de quentas le tomó residencia y quenta al dicho Rodrigo Ortiz del dicho officio de teniente de contador, le entregava y rogó que recibiese las dichas tres camisas, casaca de tafetán y pedreçuelas, porque se quería descargar dello. Y el dicho don Pedro de Castilla no lo quiso recibir, por lo qual lo a tenido el dicho Rodrigo Ortiz por del rey, Nuestro Señor.

5. Si saben que todo lo susodicho es verdad público y notorio y pública boz y fama y común opinión.

Rodrigo Ortiz Vélez [rúbrica]   El Bachiller Pedro García Oyón [rúbrica]

// [f.82]

En la çiudad de Puerto rrico a tres días del mes de agosto de mill y quinientos y noventa y seis años, ante el señor licenciado Varela, juez por Su Magestad, presentó el interrogatorio atrás contenido Rodrigo Ortiz Vélez, vezino de San Germán, e pidió lo en él contenido e justiçia.

El dicho señor juez lo recibió en lo pertinente e mandó que por él se esaminen los testigos de que el dicho Rodrigo Ortiz se pretende aprovechar, y está presto de los reçibir y hazer justicia.

Francisco Vázquez [rúbrica]
Escribano
// [f.82v]

Provança de Rodrigo Ortiz Vélez

TESTIGO. En la çiudad de Puerto rrico a tres días del mes de agosto de mill y quinientos y noventa y seis años, ante el señor licenciado Varela, juez por Su Magestad, el dicho Rodrigo Ortiz presentó por testigo en este caso a **Juan López de Aliseda**, vezino de la villa de San Jermán, y estante al presente en esta çiudad, del qual se tomó e recibió juramento en la cruz en forma de derecho e lo hizo e prometió desir verdad. Y preguntado por el tenor de las preguntas del interrogatorio dixo y declaró lo siguiente.

1. A la primera pregunta dixo este testigo que conoçe a Rodrigo Ortiz que lo presenta por testigo y a oído decir deste pleyto y causa.

   Generales. Preguntado por las preguntas generales y de oficio dixo que es de hedad de veinte y çinco años, e poco más o menos, y que no le toca ninguna de las generales. Que ayude Dios a la verdad.

2. A la segunda pregunta dixo que al tiempo y quando se hizo el almoneda contenida en la pregunta se halló este testigo a ella con los demás vezinos que se hallaron en ella, y que le paresçe que las cosas que se vendieron fue a justos preçios, y se remite a la dicha almoneda.

3. A la tercera pregunta dixo este testigo que sabe que las cosas contenidas en la pregunta quedaron en poder del dicho Rodrigo

Ortiz, aunque perteneçían a Su Magestad, diziendo ser el dicho Rodrigo Ortiz contador, y vio este testigo que anduvieron // [f.83] en almoneda y nunca este testigo vido que sacase ninguna cosa della el dicho Rodrigo Ortiz, y esto responde.

4. A la quarta pregunta dixo este testigo que a oído decir lo contenido en la pregunta.

5. A la quinta pregunta dixo este testigo que dize lo que dicho y declarado tiene en este su dicho lo qual es la verdad y lo que sabe, so cargo del juramento que hizo y lo firmó y ratificose en el.

Juan López de Alyseda   Ante mí,
                                     Francisco Vázquez [rúbrica]
                                     Escribano

TESTIGO. E después de lo que dicho es en la dicha çiudad de Puerto rrico a siete días del mes de agosto de mill y quinientos y noventa y seis años, ante el señor licenciado Varela, juez por Su Magestad, el dicho Rodrigo Ortiz Vélez presentó por testigo en este caso a **Pedro de Xerena**, vezino de la villa de San Jermán, del qual se tomó e recibió juramento en la cruz en forma de derecho. Y preguntado por el tenor de las preguntas del interrogatorio, dixo y declaró lo siguiente.

1. A la primera pregunta dixo este testigo que conoçe a Rodrigo Ortiz que lo presenta por testigo y tiene notiçia deste pleito y causa, y esto responde.

Generales. Preguntado por las preguntas generales y de oficio dixo que es de hedad de quarenta y siete años, poco más o menos // [f.83v], y que no le toca ninguna de las generales. Que ayude Dios a la verdad y quien tuviese justicia.

2. A la segunda pregunta dixo este testigo que al tiempo y quando se hizo el almoneda contenida en la pregunta se halló este testigo a ella a la qual se remite, y esto responde.

3. A la tercera pregunta dixo este testigo que como dicho tiene se halló este testigo en la dicha villa al tiempo que se hizo la dicha almoneda,

y no vido que el dicho Rodrigo Ortiz sacase della cosa alguna ni por otra persona para él, y vido que por no aver quién comprase las piedras y casaca de tafetán, y las demás cosas contenidas en la pregunta, se le quedaron al dicho Rodrigo Ortiz como a persona que hazía oficio de contador, y esto rresponde a esta pregunta y es lo que sabe della.

4. A la quarta pregunta dixo este testigo que oió decir lo contenido en la pregunta al dicho Rodrigo Ortiz y a otras personas, y esto rresponde a ésta.

5. A la quinta pregunta dixo este testigo que dize lo que dicho y declarado tiene en este su dicho lo qual es la verdad y lo que sabe, so cargo del juramento que hizo en que se afirmó e ratificó y lo firmó.

Pedro de Jerena [rúbrica]   Francisco Vázquez [rúbrica]
                            Escribano
                                    // [f.84]

TESTIGO. E después de lo susodicho en la dicha çiudad de Puerto rrico a catorze días del mes de agosto de mill y quinientos y noventa y seis años, ante el señor licenciado Varela, juez por Su Magestad, el dicho Rodrigo Ortiz presentó por testigo en este caso **Anbrosio Sánchez Jusino**, vezino de la villa de San Jermán, del qual se tomó e recibió juramento en la cruz en forma de derecho y él lo hizo e prometió decir verdad y aviendo jurado. Y siendo preguntado por el tenor de las preguntas del interrogatorio, dixo y declaró lo siguiente.

1. A la primera pregunta dixo este testigo que conoçe a Rodrigo Ortiz que lo presenta por testigo y a oído decir deste pleito y causa.

Generales. Preguntado por las preguntas generales y de oficio dixo que es de edad de treinta y tres años, o poco más o menos, y que no le toca ninguna de las generales. Que ayude Dios a la verdad.

2. A la segunda pregunta dixo este testigo que oyó decir lo contenido

en la pregunta a Marcos de Silva, y otros vezinos de San Jermán, y no sabe otra cosa desta pregunta.

3. A la quarta, digo, la tercera pregunta dixo que no la sabe más de lo aver oído decir al dicho Rodrigo Ortiz, y otras personas, de la dicha villa de San Jermán, y esto rresponde a esta pregunta. // [f.84v]

4. A la quarta pregunta dixo este testigo que a rrodrigo Ortiz oyó decir lo contenido en la pregunta estando en esta çiudad el juez contenido en la pregunta, y no sabe otra cosa della, y esto rresponde.

5. A la quinta pregunta dixo este testigo que dize lo que dicho y declarado tiene en este su dicho lo qual es la verdad y lo que sabe, so cargo del juramento que hizo y leyosele su derecho e ratificose en él y lo firmó de su nombre.

Ambrosio Sánchez Jusino [rúbrica]	Francisco Vázquez [rúbrica] Escribano

// [f.85]

Documento n° 6

Carta de poder de Constanza Ortiz (traslado)
2 de enero de 1609, San Germán, Puerto Rico.
AMA, Protocolos Notariales, Escribano Público Rodrigo Sánchez, 6-VIII-1612

Sea notorio a los que la presente vieren, cómo yo, **Constanza Ortiz**, biuda de **Rodrigo Ortiz**, vezina desta villa de Sant Jermán que está en esta ysla de Sant Jermán [sic por Juan] y de Puerto Rico de las Yndias del Mar Oçéano, otorgo e conozco que doy e otorgo poder cumplido, libre, llenero, bastante, sigún que yo le tengo e de derecho más puede e deve valer a vos, **Juan Lorenço Vélez**, mi hijo e vezino de esta dicha villa, y a Francisco Pérez, vezino de la villa del Almendralejo en Estremadura, a entre ambos a dos y a cada uno de por sí e *yn solidun*, y a la perssona e personas que nonbráredes e sostituyéredes para que en mi nombre podáis cobrar e cobréis en la dicha villa del Almendralejo de las personas y bienes que tienen a zensso y ttributo la cantidad de maravedís que me perteneszen por treze escripturas de zensso que me cupieron en mi parte de multiplicos que uvo entre mí y el dicho **Rodrigo Ortiz**, mi marido que aya gloria, como paresçerá por las quentas e partiçiones que entre mí y mis hijos se hizieron, y por una fee y testimonio dellas que por mandado de la justiçia se me dio de las escripturas que heran y quien las tenía, como paresçerá por ellas, a que me rremito, y [...] tomen quien [...] **Alonso** // [f.339] **Vélez**, vezino de la dicha villa del Almendralejo, mi cuñado y tío de vos, el dicho **Juan Lorenzo**, y para ello nombrar terzeros contadores e partidores y cobrar los alcanzes que hizieren, así que se ayan rredemido como de los que se rredimieren. E ansí mismo, podáis mandar, rresçivir, aver e cobrar qualesquier maravedís y otras cosas que me son o fueren devidas e me pertenezcan, de presente y adelante, en qualquier manera e por qualquier causa e título, y de lo que resçiviéredes y cobráredes podáis dar cartas de pago y finiquito y del acto, çediendo mis açiones, las quales valgan como si yo las diese y otorgasse; e si la paga no fuere ante escrivano que dé fee della, otorgaros por contento y rrenunziar la exçepçión de la ynumerata pecunia y las dos leyes de la prueva y de la paga; y para que podáis vender o dar a zensso perpetuo o abierto, o trocar o cambiar, y en otra manera enaxenar qualesquier bienes rraízes e muebles e semovientes, e otro qualquiera xénero que yo tengo e tuviere me pertenesçen y pueden pertenesçer a la persona o personas, y por el presçio de maravedís y otras cosas // [f.339v] que quisiéredes; y rresçibir el prescio y apartame del derecho que tengo e tubiere a lo que vendiéredes o diéredes a zensso, o enaxenáredes y zederes en el comprador o compradores, y en quien quisiéredes, y darles poder para tomar la posesión y constituirme entre tanto por su ynquilino y obligarme a el saneamiento como real vendedor; e para que podáis transar, convenir e ygualar qualesquier pleytos, debates y diferenzias que tengo e tubiere, demandando y defendiendo, de la manera que os paresziere y comprometerlas en manos de juezes árbitros y de justiçia, y darles cumplida jurisdiçión, e nombrar testigos y estar e pasar por su juiçio y sentenzia, e rreclamar della y pedir que se rreduzga a el alvedrío de buen varón; y para que podáis dar y executar qualesquier sueltas y remisión de deudas que yo debo a el presente o adelante y que me devan y devieren, e prorrogaçiones de tiempo; y para que sobre lo que está dicho y de qualquiera cossa dello podáis otorgar las escripturas que os fueren pedidas con las fuerzas e firmezas, substanzia y solemnidad que se rrequieran, las [qu]ales desde agora otorgo y las [...] en todo y por todo sin exeptar // [f.340] ni reservar cosa alguna; y para que xeneralmente en qualesquier pleytos e diferenzias çiviles e criminales que tengo e tubiere siendo actor os lo podáis paresçer ante Su Magestad o ante los señores de sus muy altos Consexos, presidentes e oydores de su cassa e corte y Chanzillerías, e ante qualesquier justiçias, eclesiásticas y seglares, de qualquiera fuero e jurisdiçión, y ante ellos y qualquier dellos hazer e poner qualesquiera demandas, pedimientos, requerimientos e juramentos de calunia e dezesorio, *et in litera* de desir verdad, y rresponder a lo hecho de conttrario; e concluyr e presentar testigos e provanzas, y escripturas e otro jénero de prueva; e pedir e oyr sentenzias, ansí ynterlocutorias como difinitivas, y consentir las dadas en mi favor y apelar e suplicar de las en contrario, e seguir el apelaçión y suplicaçión donde con derecho deváis; e para que podáis poner qualesquiera rrecusaçiones y sospechas, tachas y objetos, jurarlas y apartaros dellas; e para que ganar e ympetrar, e sacar y rresivir qualesquier cartas e provisiones y escripturas, e ympugnar y contradeszir las que [...] // [f.340v] se quisieren ganar e ympetrar e sacar; e para que podáis tomar e aprehender en mi nombre qualesquiera posesiones y sobre la aprehensión e continuaçión hazer lo que convenga; e para que podáis dar e jurar costas y, en efecto, hazer todo aquello que yo podría, aunque aquí no vaya exsspresado y sean cosas de calidad que requieran mi presenzia o más especial poder, el qual vos doy a vos, el dicho **Juan**

Lorenzo Vélez e Francisco Pérez, y a cada uno de por sí *yn solidun* para lo que está dicho, y a vuestros sostitutos con libre y jeneral y no limitada administraçión, con sus ynçidençias y dependenzias, anexidades y conexidades; y vos rrelevo de satisdaçión e fiaduría en forma de derecho; y para aver por firme y estable este poder y lo que por él fuere fecho e rresçibido y otorgado por él obligo mi persona y bienes avidos e por aver, y doy poder a las justicias e juezes de Su Magestad, espiçial a las del fuero a que fuere sometida e yo me someto, renunziando mi domiçilio y la ley *sit convenerit* como de sentenzia pasada en cosa juzgada, en testimonio de lo qual lo otorgo en esta villa de Sant Jermán a dos días del mes de henero de mil e seisçientos e nueve años; y [...] que yo, el escrivano, zertifico // [f.341] e conozco. Lo firmó un testigo porque dixo que no savía escrivir. **Fabián González, Juan Sánchez Ortiz, Juan de los rreyes** y **Alonso Gonçález**, vecinos desta dicha villa. Juan Sánchez Ortiz. Pasó ante mí, Pedro de Tasugueras, escrivano = Juan Sánchez Ortiz; e yo, Pedro de Tasugueras, persona que uso ofiçio de escrivano desta dicha villa por el Cavildo della, presente fui a lo que dicho es y lo saqué sigún que ante mí passó y a el fin firmó el testigo que firmó por la parte, y en fe dello lo firmé de mi nombre en testimonio de verdad. Pedro de Tasugueras, escribano.

Concuerda con el original que bolví al dicho **Juan Lorenço Vélez** a que me refiero. Testigos a lo ver sacar, corregir y conçertar Sevastián Benítez, Alonso Ortiz Cabeça y Francisco Ortiz, vezinos desta villa del Almendralejo.

En ella en seis días del mes de agosto de mil y seisçientos y doçe años; y lo firmé.

Rodrigo Sánchez, escrivano [rúbrica]
Derechos XXXVI maravedís y no más [rúbrica]
// [f.341v]

Documento nº 7

Carta de venta de escrituras de censo por Juan Lorenzo Vélez a favor de su madre, Constanza Ortiz
6 de agosto de 1612, Almendralejo, Badajoz, España.
AMA, Protocolos Notariales, Escribano Público Rodrigo Sánchez, 6-VIII-1612

Sepan quantos esta carta vieren, cómo yo, **Juan Lorenço Vélez**, vezino de la villa de San Jermán, ysla de Puerto rrico en las Yndias, estante a el presente en esta villa del Almendralejo, en virtud del poder que tengo de **Costança Ortiz**, mi madre, vezina de la dicha villa de San Jermán, viuda, muger que fue de **Rodrigo Ortiz Vélez**, difunto, que es del tenor siguiente:

= Aquí =

E del dicho poder usando en nombre de la dicha **Costanza Ortiz**, biuda, mi madre, otorgo e conozco por esta presente carta que vendo y doy en venta e por juro de heredad perpetuamente desde agora para siempre xamás a el convento, abadessa e monxas de la Conzepçión Françisca desta villa para él y quien dél uviere causa, título e buena ffe en qualquier manera, es a saber, una escritura de zensso de ziento e quarenta ducados de prinzipal de que se pagan de rréditos en cada un año por los días de Santiago de jullio çiento y diez rreales, que es a rrazón de a catorze el millar, que la dicha mi madre tiene y se le adjudicó en la partiçión que la susodicha hizo conmigo, el dicho **Juan Lorenzo**, y con los demás mis hermanos, hijos de la susodicha y de **Rodrigo Ortiz Vélez**, mi padre difunto, de quien fuimos erederos, como de la dicha partiçión consta que pasó e se hizo en la dicha villa de Sant Jermán a donde murió el dicho mi padre. La qual dicha escriptura es conttra las personas y bienes de Leonor Guerrera, biuda de Pedro Ortiz Fernández, y Alonso Hernández, vezinos desta villa, por quien está otorgada en ella en zinco días del mes de maio del año pasado de mil e seiscientos e [...] años que pasó ante Alonso Vaquero Saavedra, escribano público que fue desta dicha villa como de la dicha [...] pareze [...] // [f. 343] contra de los dichos çiento y quarenta ducados que es el prinçipal de la dicha escriptura y por propia de la dicha mi madre libre de todo zenso, tributo e ypoteca, obligaçión ni empeño, espeçial ni jeneral [...] la tiene, y por tal en el dicho nombre se la aseguro, y de la dicha cantidad me doy por contento y entregado a mi voluntad, por quanto la e rresçibido de mano de Francisco

Dalva, mayordomo del dicho convento, a vista y en presenzia del presente escribano y testigos desta carta, de la qual paga y entrega yo, el escribano, doy fee que se hizo en mi presencia y de los dichos testigos, e yo, el dicho otorgante, rrenuncio las leyes de la entrega, prueva y paga y exçepçión del dolo y engaño como en ellas se contiene, y confieso que los dichos çiento y quarenta ducados que así e rresçivido es el justo valor y presçio de la dicha escriptura de zensso por ser su mismo prinzipal y no vale más, pero si más vale o valer puede en qualquier manera de la tal demasía e más valor, en poca o mucha cantidad, hago en el dicho nombre al dicho convento gracia e donaçión buena, pura, mera, perfecta, yrrevocable que el derecho llama ha entre vivos, valedera para siempre xamás en rrazón dello rrenunzio la ley del Ordenamiento Real fecha en las cortes de Alcalá de Henares que habla en razón de las cosas que se compran e venden por más o menos cantidad de la mitad del justo presçio, de la qual, ni del remedio de los quatro años en ella declarados, que la dicha mi madre tiene para pedir reçepçión desta escriptura o suplimiento del presçio justo no se aprovechará, ni dirá ni alegará que fue engañada, lesa ni damnificada y [...] en ninguna cantidad, o que dolo o engaño dio caussa // [f.343v] a el conttrato, antes en el dicho nombre quiero que valga la dicha rrenunziaçión como si fuese fecha en días y contratos diversos, o como si para comprar o vender qualquiera de las partes fuera compelido e uviera prezedido tasaçión y apresçio; y desde oy, día e ora que esta carta es fecha, en adelante para siempre xamás, en virtud del dicho poder, desisto e aparto a la dicha mi madre de la tenenzia e posesión, propiedad e señorío e otras apçiones rreales y personales que avía e tenía a la dicha escritura de zenso, y todo en él dicho se lo doy, çedo e traspasso en el dicho convento y en quien dél uviere causa, y le doy poder cumplido para que tome la posesión de la dicha escriptura y en señal della se la tengo entregada a el dicho convento y en su nombre a el dicho Francisco Dalva, su mayordomo, en su nombre, la qual pueda vender, dar, donar, trocar y cambiar, enaxenar y hazer y disponer de la dicha escriptura a su voluntad como de cosa suya, propia, avida y adquirida por justo y derecho título de compra y buena fee, como ésta lo es, y los derechos de yviçión y saneamiento que en esta rrazón la dicha mi madre tiene en esta rrazón contra qualesquier personas yo en su nombre los doy, çedo e traspaso a el dicho convento para que subsçeda en ellos y los pueda pedir e defender como en su causa y fuero propio; y como rreal vendedora en virtud del dicho poder obligo a la dicha **Costanza Ortiz**, mi madre, a la ybiçión e saneamiento de la dicha escritura y de [qualquier] pleito, debate o diferenzia que le fuere [...] siendo rrequerida [...] en qualquier tiempo y estado [...] aunque sea después de la publicación // [f.344] de las provanzas, la dicha mi madre y quien su causa ubiere, tomará la voz y defensa del tal pleyto o pleytos e los seguirá e feneszerá ~~hasta~~ de a su propia costa hasta dexar a el dicho convento con la dicha escritura libre y paçíficamente, sin daño, costa, ni contradizión y con solo rrequerimiento que para la dicha ybiçión hiziere baste, sin que sea obligado a hazer otra defensa, aunque [...] la deba hazer, y si no se la pudiere sanear le volverá y rrestituyrá llana e rrealmente los dichos çiento e quarenta ducados que por compra de la dicha escritura de zensso en el dicho nombre e rresçivido con más todas las costas, gastos, daños e ynteresses, pérdidas e menoscabos que se le siguieren y rrecreszieren y uvieren seguido e rrecresçido, sobre todo lo qual sea bastan averiguación e prueva el juramento del dicho convento, o de quien su poder e causa uviere, en quien en nombre de la dicha **Costanza Ortiz**, mi madre, lo difiero y desde luego queda diferido; y para lo así cumplir, pagar e aver por firme obligo la persona e bienes de la dicha mi madre avidos e por aver, e por esta carta doy e otorgo poder cumplido a todas las justiçias de Su Magestad que desta carta y de lo en ella contenido puedan y devan conoszer para que compelan y apremien a la dicha mi madre a lo así cumplir como por sentencia pasada en cosa juzgada; rrenuncio todas las leyes, fueros y derechos de su favor y la jeneral, en cuyo testimonio lo otorgué ante el escribano público e testigos.

Que es fecha en la villa del Almendralejo en seis días del mes de agosto de mil e seiscientos e doçe años, siendo testigos Sebastián Benítez, escribano, y Francisco Lavado, escribano, y Francisco Pérez Fresco, vecinos desta villa. Doi fe conozco el otorgante y lo firmó.
[Enmendado //torçe//tiene// entre renglones y se hiço / registrado]

Juan Lorenzo Béles [rúbrica]

                        Derechos quarenta y ocho maravedís y no más.
                        Ante mí, [Rodrigo Sánchez, escribano] [rúbrica]
                                            // [f.344v]

Documento nº 8

Carta de venta de escrituras de censo por Juan Lorenzo Vélez

31 de agosto de 1612, Almendralejo, Badajoz, España.
AMA, Protocolos Notariales, Escribano Público Rodrigo Sánchez, 31-VIII-1612

Sepan quantos esta carta de venta de zenso vieren, cómo yo, **Juan Lorenzo Vélez**, natural de la villa de San Xermán de Puerto rrico de las Indias, estante a el presente en esta villa del Almendralejo, otorgo y conozco por esta presente carta que vendo y doy en venta e por juro de heredad perpetuamente desde agora para siempre xamás al licenciado Juan Ortiz del ábito de Santiago, cura de la villa del Azauchal, para él y quien del uviere causa, título e buena fee en qualquier manera, es a saver, una escritura de zensso de ziento e dos mil maravedís de prinzipal de que se pagan de réditos a rrazón de a catorze el millar a mí, el susodicho, siete mil duzientos e ochenta e seis maravedís por los días de Santiago de jullio de cada un año con los corridos desde el día de Santiago pasado deste año, la qual yo uve y eredé de **Rodrigo Ortiz Vélez**, mi padre, conttra las personas y bienes de Fernando Lorenzo Nieto Buenavida, Ana Vélez, su muger, Pedro Hortiz de Rodrigo Ortiz, Catalina Bezerra, su muger, Diego Fernández Nieto Buenavida y Catalina Becerra, su muger, obligados de mancomún, vecinos desta villa, por quien está otorgada la dicha escritura en esta villa ante Alonso Vaquero Saavedra, escribano público della, en veinte e un días del mes de mayo de mil e seiscientos e un años. La qual le vendo por mía propia, libre de toda ypoteca, por presçio y quantía de los dichos çiento e dos mil maravedís que es su prinzipal, que por compra de la dicha escritura e rresçibido del dicho licenciado Juan Ortiz, cura, por mano de Andrés Pérez Merchán, vezino de la dicha villa del Azauchal, en presenzia del presente escribano e testigos desta villa, de la qual paga y entrego yo, el escrivano, doy fee que se hizo en mi presenzia y de los dichos testigos, y de la dicha cantidad se dio por contento, pagado y entregado a su voluntad, renunció las leyes de la entrega, prueva e paga, y eleçión del enpeño como en ellas se contiene, y confieso que los dichos ziento e dos mil maravedís es el justo valor e presçio de la dicha escritura por ser su mismo prinzipal y no vale más, pero si algo más vale o valer puede dello le haze[…] // [f.374] y donazión perpetua, ynrrebocable, valedera para siempre xamás y desde oy, día e ora que esta carta es fecha e por mí otorgada, en adelante para siempre xamás me desisto y aparto de la tenenzia e posesión, propiedad e señorío e otras açiones rreales y personales que avía y tenía a la dicha escriptura de zenso, prinzipal y a rréditos della, y en rrazón de todo ello y de el dicho valor rrenunzio la ley del Hordenamiento rreal fecha en las cortes de Alcalá de Henares que habla en rrazón de las cosas que se compran o venden por más o menos cantidad de la mitad del justo presçio, a la qual, ni del remedio de los quatro años en ella declarados que tenía para pedir rreçepçión desta escriptura o suplimiento del presçio justo no me aprovecharé, ni diré ni alegaré que fui engañado, leso o damnificado en ninguna cantidad, o que dolo o engaño dio causa a el conttrato, antes quiero que valga la dicha rrenunciación como si fuese fecha en días y conttratos diversos o como si para comprar o vender qualquiera de las partes fuera compelido e uviera precedido tasaçión e apresçio; e como dicho es me desisto de la tenenzia e posesión, propiedad, señorío y las demás açiones que abía e tenía a la dicha escriptura, prinzipal e rréditos della, y todo lo doy, çedo e traspasso en el dicho licenciado Juan Ortiz, comprador, y en quien dél uviere caussa, y le doy poder cumplido para que por su autoridad pueda tomar e aprehender la tenenzia e possesión della y cobrar sus rréditos e prinzipal quando se rredima, y en señal de posesión le tengo entregada la dicha escritura y es en poder del susodicho, y los derechos de viçión e saneamiento que tengo y me perteneszen en esta razón conttra qualesquier personas se los doy y zedo, e traspaso para que suszeda en ellos y los pueda pedir e defender como en su causa y derecho propio; y como rreal vendedor me obligo a la ebiçión e saneamiento de la dicha escritura // [f.374v] de zensso prinzipal e réditos della en tal manera que no le será puesto enbargo ni ympedimento, pleito, debate ni diferençia, y si le fuera puesto e movido siendo rrequerido o quien de mí uviere causa en qualquier tiempo y estado del pleito o pleitos, aunque sea después de la publicaçión de las provanzas, tomaré la voz e defensa del tal pleito o pleitos e los seguiré e fenezeré a mi propia costa hasta le dexar con la dicha escritura libre y paçíficamente y sin daño, costa, ni contradizión y con solo rrequerimiento que para la dicha ibiçión hiziere baste, sin que sea obligado a hazer otra defensa, aunque de esta deva hazer, e si no se la pudiere sanear volveré e rrestituiré llana e realmente los dichos çiento e dos mil maravedís que por compra de la dicha escriptura e rresçivido con más todas las costas, gastos, daños e yntereses que se le siguieren y rrecresçieren ~~mexor~~ y uvieren seguido y rrecresçido para todo lo qual sea bastante averiguaçión e prueva su juramento o de quien su causa uviere en quien lo difiero. E para lo así cumplir e pagar, obligo mi persona e bienes avidos e por aver e por esta carta para su execuçión e cumplimiento doy todo poder cumplido a todas las justicias de Su Magestad, en especial a las desta villa, para que a ello me compelan y apremien como por sentencia pasada en cosa juzgada. Renuncio mi propio fuero, jurisdicción, domicilio y bezindad y el prebilejio de la ley *sit convenerit* y lo en ella contenido y todas las leyes de mi favor y la jeneral; y la otorgué ante el escribano público e testigos en la villa del Almendralejo en ttreinta y un días del mes de agosto de mil e seiscientos e doze años, siendo testigos Juan Lorenzo Fernández, Fernando González Charnero y Alonso Ortiz Caveza, vezinos desta villa. Doy fee conozco al otorgante y lo firmó de su nombre. //Va testado// [...].

Juan Lorenzo Béles [rúbrica]

Derechos quarenta y quatro maravedís y no más.
Ante mí, Rodrigo Sánchez, escribano [rúbrica]
// [f.375]

Documento nº 9

Testamento de Constanza Ortiz (traslado)
22 de febrero de 1620, San Germán, Puerto Rico.
AGI, Escribanía, 9A, Nº 1, Pieza 1

TESTAMENTO. En nombre de Dios. Amén. Sepan quantos esta carta de testamento y última voluntad vieren, cómo yo, **Costansa Ortiz**, viuda de **Rodrigo Ortiz Véles**, difunto, vezino de esta villa de San Germán, estando enferma del cuerpo y sana de mi voluntad y en mi juizio y entendimiento natural qual Dios, Nuestro Señor, fue servido de me dar, creiendo como firmemente creo en el misterio de la Santissima Trinidad, Padre, Hijo y Espíritu Santo, // [f.197v] tres personas y un solo Dios Verdadero que vive y reina sin principio ni fin y en todo lo que cre y tiene la Santa Madre Yglesia de Roma devajo de cuya fee y creençia e vivido, y protexto vivir y morir, y temiendome de la muerte porque es cosa natural a toda criatura viviente deseando poner mi alma en carrera de salvasión, tomo por mi abogada y intercesora a la gloriosa y siempre Virgen María, quiera por su presississimo hijo, mi señor Jesuchristo, me quiera perdonar mis pecados, otorgo que hago y ordeno este mi testamento y última voluntad en la manera siguiente.

CLÁUSULA. Yten, quiero y es mi voluntad que luego que yo fallesiere mis alvazeas entrieguen al mayordomo de la Santa Iglesia una escriptura de tributo que tengo contra Cathalina Gómes de sinco mil y tantos reales, y otra que haga cumplimiento a siete mill reales de prinçipal, u otras que hagan la dicha cantidad si ésta estubiere redimida, para que de la renta de ellos se ympongan una capellanía a la Santa Yglesia y se digan las misas que alcansaren los dichos réditos cada año perpetuamente por mi ánima y de **Rodrigo Ortiz Véles**, mi marido, y de mis difuntos, y así lo encargo a mis alvazeas // [f.198] y a los señores Curas. Y para cumplir este mi testamento y todo lo en él contenido y pagar y cobrar mis deudas y todo lo que yo deviere, dejo y nombro por mis albaçeas testamentarios a **Francisco Vélez** y a **Juana Martín Vélez**, mis hijos, a los quales y a cada uno de ellos, de por sí *ynsolidum*, otorgo poder cumplido para que entren en mis vienes y de lo mejor y de lo más bien parado de ellos cumplan y paguen este mi testamento y todo lo en él contenido y para ello los bendan en almoneda o fuera de ella, como mejor más bien visto le fuere, a los quales les prorrogo el término aunque sea pasado el año del albaseasgo para que puedan pagar y cobrar. Y cumplido y pagado este mi testamento y todo lo en él contenido, dejo y nombro por mis ligítimos y universales herederos a **Juan de Morales** y **Manuel de Morales**, y a mis nietos, hijos de **Ysavel Gonzáles**, y a **Francisco Véles** y a **Juana Martín Véles**, mis hijos, a los quales quiero que hallan y hereden todos mis vienes dichos y aciones por yguales partes tanto el uno como el otro metiendo en montón lo que cada uno hubiere // [f.198v] yevabado. Y por este mi testamento revoco y anullo otros e qualesquiera testamentos mandas o codiçilios que antes de éste aya fecho = entre renglones = los = valga = por escripto o de palabra que quiero que no balgan ni hagan fee en juiçio ni fuera del sólo éste que aora ago serrado para otorgar. Y porque no sé firmar rogué a Juan de Albarado, escriuano, lo firme por mí, en San Germán, en veinte y dos días del mes de febrero de mill y seisçientos y veinte años. A ruego de la otorgante. Juan de Albarado, escriuano.

Concuerda con su original do fue sacado este testimonio que en mi ofiçio queda en un cuaderno donde constan las partisiones y divisiones que tubieron los herederos de la contenida Costansa Ortiz, y con él lo corregí y conserté y está sierto y verdadero a que me refiero y en fee de ello lo firmé y signé en esta Villa de San Germán en catorse días del mes de Julio de mil seissientos y noventa y tres años. En testimonio de verdad Juan de Sanabria, escriuano público. *Yn dei nomine*. Amén.

[...] // [f.199]

Documento nº 10

Carta del gobernador José de Noboa Moscoso
15 de noviembre de 1658, San Juan, Puerto Rico.
AGI, Santo Domingo, 157, R.1, Nº 7

Señor
Entre los montes más ásperos desta Isla, veinte y dos leguas desta plaza y quatro distante por aquella parte de la costa de la mar y Cavo Rojo, está San Germán que con nombre de villa se ha mantenido hasta aora con su Cavildo de dos Alcaldes, quatro Regidores, Alférez Mayor, Alguaçil Mayor y Procurador General, de que hazen eleçciones todos los años por año nuevo. Cuyo cuerpo y junta ha sido siempre en tanto perjuhiçio de los goviernos passados que no ha havido gobernador ninguno de muchos años a esta parte a quien no hayan perdido el respecto y la obediençia con tanto desahogo que muchos de mis anteçessores han tenido junta la infantería deste presidio para yr a castigarlos y haçerse respectar y obedeçer, a cuya execuçión no se han resuelto por reçelar tumultos y escándalos mayores. Y aunque yo quando entré en este govierno procuré con toda buena maña y agassajo reduçirlos a mejor obediençia y reconoçimiento al govierno que Vuestra Magestad se sirve de ponerles, no e podido conseguirlo, ni que se execute orden ni mandato que de aquí se embíe. No obstante tener allí un theniente pero, en entrando en su Cavildo y Junta, le tienen en tan poco que es poquísimo el caso que del haçen. Ellos tienen hecho aquello coto tan libre que todos los mal bivientes de la Isla se van a aquella jurisdiçión, donde diçen que solamente se puede vivir por la libertad que en ella gozan, porque aunque se les busque en metiéndose en sus montes, no es posible hallarlos ni cogerlos y, como la costa de la mar está çerca y Puerto Françés, en llegando alguna embarcaçión de Santo Domingo, o en qualquier canoa, se pasan a aquella isla ayudados de los mismos de aquel Cavildo por las misma raçón de buscarlos el governador con que según la forma de su govierno no es fáçil reduçirlos los governadores a su obediençia. Todos estos yncombenientes ocassionan las alas que hallan en la Audiençia de Santo Domingo, pues como si los governadores desta Isla no fueran puestos por Vuestra Magestad ni sus vassallos. Pareçe que aquella Audiençia, o por temas o por passiones, tiene puesta la mira en contradeçir y deshaçer quanto obran, tanto lo // [f.1] bueno como lo malo, de donde naçe el orgullo, ynquietud y sediçión destos

naturales, que por su naturaleça son humildes, pero tieneles ensoberveçidos la façilidad con que pasándose a Santo Domingo qualquier veçino, y dando una petiçión en la forma que le pareçe disponerla, le conçeden las Provisiones que pide como sean contra los governadores, de lo que resultan estos daños. Quando no ay duda de que sino hallasen este abrigo y estas façilidades vivieran con la paz, quietud y obediençia que los demás lugares de la Isla. Y para que esto se reconozca, los días passados hallándose poco gustosos con el theniente que yo les puse de toda satisfaçión, y que le ha aumentado su lugar mucho más de lo que le tenían, se passó un veçino del Portugues a Santo Domingo y en nombre suyo, sin poder de la dicha villa, sino de su propio motivo, dió la petiçión en la Audiençia, cuya copia remito a Vuestra Magestad, en virtud de la qual le mandaron despachar la Provisión ynclusa, mandandoles que executen absolutamente lo que contiene, como sino si no tuvieran superior. Que es la raçón de no obedeçer a los governadores, y aún llegan a deçir que ellos no tienen dependençia sino es de la Audiençia de Santo Domingo. Y para que conste uno y otro, remito también a Vuestra Magestad los testimonios de las cartas desta dicha villa donde se verán sus execuçiones e inobediencias. Pues embiando a llamar a uno de los alcaldes, me responde todo el Cavildo que no puede venir por hallarse ocupado en diligençias del serviçio de Vuestra Magestad, como si ellos tuvieran allí algunas desta importançia, con la qual Provisión no sólo este Cavildo desposeyó al theniente que yo tenía puesto sin intervençión mía, pero passó el Alcalde a quien embié a llamar, que consta por la carta, al lugar de San Françisco de la Aguada, por deçir es de su jurisdizión, y al theniente que tengo puesto allí le notificó que no exerçiese el puesto de theniente. Esto, señor, tiene dos remedios; el uno que la Audiençia de Santo Domingo no tenga estas façilidades tan contra la authoridad y respecto de los governadores que Vuestra Magestad es servido de poner en esta isla, y el otro, el que el dicho lugar de San Germán no goçe deste título de villa, ni tenga este regimiento de alcaldes, regidores, alférez mayor, alguaçil mayor y procurador general. Porque este cuerpo y junta es de grandísimo perjuhiçio al serviçio de Vuestra Magestad y a la orden del buen govierno de toda la Isla porque aquello es pays franco, que de ninguna manera reconoçe superior. Sino, que se govierne por un theniente pedáneo como los demás // [f.1v] lugares de la Isla que son; Cuamo, el Arrezivo y la Aguada. Que excusada esta junta, no es dudable que vivirán con la quietud y sujecçión que viven los demás lugares, y en estas partes es muy combeniente al Real Serviçio de

Vuestra Magestad excusar quanto fuese posible estos ayuntamientos, porque no sirven sino desponerle con desacato a los goviernos.

Vuestra Magestad en su Real Título es servido de mandarme que los thenientes que nombrase siendo letrados, nombrandolos en España, se aprueven por el Real Consejo de las Indias, y haçiendo acá este nombramiento se aprueve por la Real Audiençia de Santo Domingo, y entendiendo esto por mi Theniente General, o los dos thenientes que perteneçen a mi juzgado. No obstante, el haver tanto tiempo que aquí no le ha havido atendiendo a la mejor forma de la administraçión de la justiçia en virtud del Real mandato de Vuestra Magestad, nombré en España al lizenziado Don Pablo de la Hassa Olivares que, aprovado por el Real Consejo, truje aquí donde ha sido de mucho provecho para la conclusión de muchos pleitos, passados y presentes, que estavan detenidos por falta de judicatura. Los demás thenientes, así de San Germán como de los demás lugares, quanto ha que se fueron, no ha havido thenientes letrados en ellos, ni tanpoco los puede haver por no ser veçindades para eso, ni tener de qué sustentarse. Y así lo han sido siempre las personas que más apropósito han hallado los governadores para el dicho ejerçiçio porque en cada parte haya una caveza a quien embiar las órdenes de lo que se huviese de ejecutar, y en esta comformidad e seguido yo la costumbre con que los thenientes de San Germán, haviendo sido siempre desta manera, y no pudiendo serlo de otra, pareze novedad demasiadamente apassionada ymbiar provisión la Audiençia de Santo Domingo a San Germán para que no admitan thenientes que no fueren aprovados por ella, tan contra la obediençia y respecto de la persona que Vuestra Magestad es servido de ponerles por su governador y capitán general. Y quando Vuestra Magestad se sirve de expresar en su Real Título en raçón de los thenientes que nombrase que con tal que siendo letrados, que son las palabras expressas, nombrandolos en España, hayan de ser aprovados por el Real Consejo de las Indias, y si aquí, por la Audiencia de Santo Domingo, por caer en el distrito de su jurisdiçión con que los que no son letrados, como los destos lugares, donde como está dicho, tampoco lo pueden ser, no puede entenderse // [f.2] con ellos esta aprobaçión, pues donde no ay letras poco ay que aprobar que deje de reconoçerlo el governador. Yo se lo he escrito al presidente de Santo Domingo en esta comformidad, y a Vuestra Magestad le doy esta quenta para que vista en su Real Consejo de las Indias sea servido Vuestra Magestad de mandar lo que

fuere de su mayor serviçio. Guarde Dios la catholica y real persona de Vuestra Magestad como la christiandad ha menester.
Puerto Rico, 15 de noviembre de 1658.

Joseph de Noboa y Moscosso [rúbrica]

// [f.2v]

Documento nº 11

Muestra de mercancías enviadas a Rodrigo Ortiz Vélez

Año	Navío	Mercancías
1594	*Nuestra Señora de la Concepción*	Siete sombreros negros aforrados y con toquilla. Seis sombreros de lana negra de por aforrar. Seis pares de borceguíes llanos. Ocho declas [sic] de cuchillos carniceros comunes. Media libra de pimienta. Media libra de clavo. Media libra de canela. En una esportilla, 60 tachuelas. Una libra de cominos. Una libra de matalahúva. Una libra de alumbre. Media libra de cardenillo. Dos libras de azufre. Media libra de hierba lombriguera. Cuatro pares de medias cortas de lana.
1600	*Santa Ana*	Cuatro hachas aceradas. Cuatro calabozos y cuatro azadas. Dos libras de comino y una de alumbre. Media libra de cardenillo. Cuatro sombreros bastos sin aforrar panegros [sic].

1605 *Nuestra Señora de la Encarnación*

Cuarenta y cinco libras de cera blanca labrada en un cirio pascual y dos hachas y velas de a cuarta.
Dos aran de las de hoja de lata para las hachas.
Tres docenas de cintas tudescas.
Una libra de clavo.
Una libra de pimienta.
Una libra de canela.
Dos libras de cominos.
Cuatro onzas de azafrán.
Mil agujas de coser.
Doce papeles de alfileres.
Dos mil tachuelas.
Un pretal y una cincha de caballo.
Dos pares de estribos de azófar.
Unas espuelas.
Un pretal de cascabeles.
Una docena de frenos jinetes comunes.
Seis docenas de peñes [sic].
Una cuarta de atriaca.
Una botijuela de cuarta de trementina.
Dos carpetas de lana.
Tres pares de borceguíes.
Dos pares de talabartes negros.
Una libra de orozuz.
Media libra de incienso.
Media libra de almáciga.
Un tintero de plomo.
Una silla gineta.
Una pieza de bayeta negra sencilla.
Una pieza de estameña frailesca con ochenta libras.
Unos calzones y ropilla de tercio pelado y dos ferreruelos negros corto.

Documento nº 12

Resumen de los cargos ostentados por Rodrigo Ortiz Vélez en San Germán

Año	Civil	Militar
Entre 1563 y 1576	Procurador general (dos años)	
1565		Alférez
1572	Alcalde ordinario	
1576		Capitán
1577	Alcalde ordinario	Capitán
1579		Capitán
1588-1594	Teniente de contador	
1593	Alcalde ordinario	
1595	Alcalde ordinario	
----	Teniente de gobernador	
----	Regidor	

Fuentes Documentales

Archivo Histórico Nacional (AHN)

DIVERSOS-MESTA: legajo 18.

18: N° 10, *Ejecutoria y pleito contra el Concejo de Almendralejo por roturar y labrar las dehesas en perjuicio de los ganados*, 1582.

INQUISICIÓN: legajo 1457.

1457: Expdte. 2, *Información genealógica de Gonzalo Vélez Ortiz*, 1643.

Archivo General de Indias (AGI)

CONTRATACIÓN: legajos 1109, 1117, 1130, 1134, 1142, 1144A, 1147A, 1149, 1150, 1160, 1455, 2929, 4792 y 5374.

1109: N° 3, *Registro del navío Nuestra Señora de la Concepción*, 1594.

1117: N° 11, *Registro del navío Nuestra Señora de la Concepción*, 1596.

1130: N° 8, *Registro del navío San Pedro*, 1598.

1134: N° 8, *Registro del navío Santa Ana*, 1600.

1142: N° 8, *Registro del navío Nuestra Señora de la Concepción*, 1603.

1144A: N° 1, R.6, *Registro del navío Nuestra Señora de la Concepción*, 1604.

1147A: N° 5, *Registro del navío Nuestra Señora de la Encarnación*, 1605.

1149: N° 1, R.9, *Registro del navío Nuestra Señora de la Concepción*, 1606.

1150: N° 2, *Registro del navío Nuestra Señora de la Esperanza*, 1607.

1160: N° 2, *Registro del navío Nuestra Señora de la Hiniesta*, 1613.

1455: N° 1, *Registro del navío La Concepción*, 1592.

2929: N° 2, R.3, *Papeles de la armada de Pedro Menéndez de Avilés*, 1562.

2929: N° 2, R.4, *Papeles de la armada de Pedro Menéndez de Avilés*, 1563.

2929: N° 5, *Papeles de la armada de Bartolomé Menéndez de Avilés*, 1562.

4792: *Carta y petición de Pedro Menéndez de Avilés para la contratación de oficiales en su armada*, 1561.

5374: N° 28, *Expediente de información y licencia de pasajero a Indias de Cristóbal Martín Remusgo*, 1620.

ESCRIBANÍA: legajos 9A, 124A, 124B, 128B y 133B.

9A: N° 1, Pieza 1, *Pleitos de la Audiencia de Santo Domingo*, 1703.

124A: N° 8, *Cuaderno de residencia de la villa de San Germán por orden de don Matías Páez Cabeza de Vaca*, 1697.

124B: Pieza 14, *Residencia a los capitulares de la villa de San Germán durante el tiempo del gobernador Gaspar Martínez Andino*, 1690.

128B: Pieza 9, *Residencia de Francisco Danio Granados, gobernador de Puerto Rico*, 1711-1717.

133B: Pieza 3, *Esclavos vendidos en almoneda tomados del navío Santo Antonio y la probanza tomada a Juan Rodríguez de Olivencia por el asunto*, 1592-1596.

133B: Pieza 4, *Proceso contra Simón Rodríguez Mantua, capitán y dueño del navío Santo Antonio*, 1592-1595.

133B: Pieza 8, *Residencia de Rodrigo Ortiz Vélez*, 1593-1596.

INDIFERENTE: legajos 130, 138, 1966 y 2051.

130: N° 63, *Méritos de Juan Ortiz Vélez Borrero*, 1683.

138: N° 7, *Méritos de Antonio Ramírez de Arellano*, 1709.

1966: L.14, *Registros de Reales Disposiciones*, 1561-1563.

2051: N° 7, *Expediente de concesión de licencia para pasar a la ciudad de San Juan de Puerto Rico a favor de Rodrigo Ortiz*, 1566.

JUSTICIA: legajos 101, 873 y 980.

101: N° 1, *Residencia de Francisco de Solís*, 1576.

873: N° 10, Pieza 3, *Relación sacada de la probanza hecha por parte de Bartolomé Menéndez de Avilés*, 1563.

873: N° 10, Pieza 4, *Relación sacada de la probanza hecha por parte del licenciado Diego Venegas en el pleito contra Bartolomé Menéndez de Avilés*, 1563.

980: N° 1, Pieza 2, *Testimonios de un ataque a la villa de San Germán y el puerto de Guadianilla por indios caribes*, 1567.

PATRONATO: legajos 29, 175, 179 y 257.

29: N° 1, R.13, *Relación de lo sucedido en el descubrimiento del río Marañón*, 1560-1563.

29: N° 1, R.18, *Carta y testimonio de Juan de Vargas Zapata sobre los sucesos de la rebelión de Lope de Aguirre*, 1562.

175: R.31, *Prohibición de contratar con franceses, San Germán*, 1556.

179: N° 4, R.1(4), *Testimonios de un ataque a la villa de San Germán y el puerto de Guadianilla por indios caribes*, 1567.

257: N° 1, G.3, R.2, *Memorial y cartas de Pedro Menéndez de Avilés en las que constan sus servicios*, 1564.

SANTO DOMINGO: legajos 56, 79, 155, 156, 157, 161, 165, 168, 169, 170, 172 y 544.

56: R.8, N° 64b, *Dirección de las materias militares de tierra y mar y los súbditos del gobernador a sus órdenes en las ocasiones de guerra*, 1646.

79: N° 141, *Probanza de Méritos de Rodrigo Ortiz Vélez*, 1577.

155: *Cartas y expedientes de Gobernadores de Puerto Rico*, 1532-1610.

156: *Cartas y expedientes de Gobernadores de Puerto Rico*, 1611-1654.

157: *Cartas y expedientes de Gobernadores de Puerto Rico*, 1656-1677.

161: *Cartas y expedientes de Gobernadores de Puerto Rico*, 1693-1694.

165: *Probanza en la villa de San Germán sobre las aportaciones militares y el compromiso de sus vecinos a la defensa de la Isla*, 1641.

165: *Probanza en la villa de San Germán sobre las aportaciones militares y el compromiso de sus vecinos a la defensa de la Isla*, 1669.

168: *Probanza en la villa de San Germán sobre los daños causados a la villa y su iglesia por los indios caribes y franceses*, 1572.

169: *La villa de San Germán solicita merced de ciertos ornamentos para su iglesia*, 1583.

170: *Copia de una carta escrita por el Obispo de Puerto Rico*, 1607.

172: *Cartas y expedientes de Obispos de Puerto Rico*, 1532-1646.

544: *Testimonios de las reales cédulas y provisiones de su Alteza de privilegios de la villa de San Germán por orden y mandato de su señoría el señor sargento mayor de infantería española, don Francisco Danio Granados, gobernador y capitán general de esta ciudad e isla por Su Majestad*, 1709.

Archivo General de Simancas (AGS)

EXPEDIENTES DE HACIENDA: legajos 38-8-I, 38-8-II y 126.

38-8-I: *Visita, cuentas y padrón de la villa de Almendralejo*, 1586.

38-8-II: *Probanza en la villa de Almendralejo*, 1575.

126: *Visita, cuentas y padrón de la villa de Almendralejo*, 1561.

CONTADURÍAS GENERALES: legajo 2970.

2970: *Visita y cuentas de la villa de Almendralejo*, 1591.

Archivo Municipal de Almendralejo (AMA)

PROTOCOLOS NOTARIALES:

Escribano Público Rodrigo Sánchez, 1612-1616.

Escribano Público Alonso Ortiz Cabeza, 1619-1661.

REGISTROS DE ACTAS DE SESIONES

Libros: I (1598-1602), II (1603-1610), III (1624-1630)

Archivo de la Biblioteca IX Marqués de la Encomienda (ABME)

GENEALOGÍAS DE LA CASA DE LA ENCOMIENDA:

Expedientes de las Familias: Becerra, Buenavida y Fernández

Archivo Parroquial de Almendralejo (APA)

Serie de BAUTISMOS:

Libros: I (1548-1567), II (1569-1579), III (1579-1592) y IV (1593-1615)

Serie de MATRIMONIOS:

Libros: I (1574-1585) y II (1586-1627)

Biblioteca Nacional de España (BNE)

MANUSCRITOS: 9878

9878: *Ordenanzas de la villa de Almendralejo*, Traslados 1516-1598.

Bibliografía

Alegría, Ricardo E. *Documentos Históricos de Puerto Rico, Volumen IV, 1546-1580*. San Juan: Centro de Estudios Avanzados de Puerto Rico y el Caribe, 2009.

_____. *Documentos Históricos de Puerto Rico, Volumen V, 1581-1599*. San Juan: Centro de Estudios Avanzados de Puerto Rico y el Caribe, 2009.

Boix, Ignacio, editor. *Recopilación de leyes de los Reinos de las Indias*, 5ta ed., Tomo II. Madrid: 1841.

Boyd-Bowman, Peter. *Patters of Spanish emigration to the New World (1493-1580)*. Council on International Studies, State University of New York at Buffalo, 1973.

Caro de Delgado, Aida R. *Villa de San Germán: sus derechos y privilegios durante los siglos XVI, XVII y XVIII*. San Juan: Instituto de Cultura Puertorriqueña, 1962.

De Azcárraga y de Bustamante, José L. *El corso marítimo, concepto, justificación e historia*. Madrid: Consejo Superior de Investigaciones Científicas, 1950.

De Terreros Pando, Esteban. *Diccionario castellano con las voces de ciencias y artes y sus correspondientes de las tres lenguas francesa, latina e italiana*, Tomo II. Madrid: 1787.

Diccionario de la Lengua Castellana, Tomo V. Imprenta de la Real Academia Española, 1737.

García Martín, Bienvenido. *El paisaje agrario de la Tierra de Coria, sus transformaciones e incidencias*. Ediciones Universidad de Salamanca, 1985.

García-Moreno Barco, Francisco. "Don Rodrigo Ortiz Vélez. Su Verdadera y Muy Heroica Historia." *Feria de la Piedad y XXIII Fiestas de la Vendimia*, 1995. pp. 78-82.

Gelpí Baíz, Elsa. *Siglo en Blanco: Estudio de la Economía Azucarera en el Puerto Rico del Siglo XVI (1540-1612)*. San Juan: Editorial de la Universidad de Puerto Rico, 2000.

Jos, Emiliano. *La expedición de Ursúa al Dorado, la Rebelión de Lope de Aguirre y el itinerario de los «Marañones» según los documentos del Archivo de Indias y varios manuscritos inéditos*. Imprenta V. Campo, 1927.

Lluch Mora, Francisco. *Fundación de la villa de San Germán en las Lomas de Santa Marta*. Mayagüez: Documentalia Portorricense, 1971.

_____. *Catálogo de Inscripciones Demográfico-Sacramentales y de otra índole del Linaje Puertorriqueño Ortiz de la Renta*. Mayagüez: Documentalia Portorricense, Fundación Juan C. Ortiz de la Renta Lugo, 1976.

Mira Caballos, Esteban. "Cuando el hambre apretaba: el sueño áureo de los almendralejenses en América." Autoedición, 2010.

Moreno de Vargas, Bernabé. *Historia de la Ciudad de Mérida*. Madrid: 1633.

Negroni, Héctor Andrés. *Historia Militar de Puerto Rico*. Sociedad Estatal Quinto Centenario, 1992.

Rodríguez Sánchez, Ángel. *Cáceres: Población y comportamientos demográficos en el Siglo XVI*. Aula de Cultura de la Caja de Ahorros y Monte de Piedad de Cáceres, 1977.

Salivia, Luis A. *Historia de los temporales de Puerto Rico y las Antillas*. Editorial Edil, 1972.

Torres Oliver, Luis. "Probanza sobre el traslado de la Villa de San Germán," *Boletín de la Academia Puertorriqueña de la Historia*, Vol. IX, N° 33, 1985. pp. 157-161.

Vélez Acevedo, Ricardo. "Rodrigo Ortiz Vélez. Una revaluación genealógica." *Hereditas,* Vol. 20, N° 2, 2019. pp. 115-134.

_____. *Incertidumbre sobre los orígenes del linaje Ortiz de la Renta en Puerto Rico: Un breve ensayo.* Cambridge: Editorial Lux Antiqua, 2022.

Vélez Dejardín, José. *San Germán: de Villa Andariega a Nuestros Tiempos 1506-2000.* Centro Cultural de San Germán, 2003.

Zarandieta Arenas, Francisco. "Mentalidad y comportamiento de los hidalgos de una villa extremeña: Almendralejo en 1665," *Mélanges de la Casa de Velázquez,* Tomo XIX, N° 1, 1983. pp. 197-206.

_____. *Almendralejo en los siglos XVI y XVII.* Imp. RAYEGO, 1993.

www.ingramcontent.com/pod-product-compliance
Lightning Source LLC
Chambersburg PA
CBHW071709090426
42738CB00009B/1718